I0567130

BESTACTIVITYBOOKS.COM

PREMIERE ÉDITION

Dépôt légal, 2022

Illustration Graphique Extra: www.freepik.com
Merci à Alekksall, Starline, Pch.vector, Rawpixel.com, Vectorpocket, Dgim-studio, Upklyak, Macrovector, Stockgiu, Pikisuperstar & Freepik.com Designers

5 ASTUCES POUR DÉMARRER !

1) COMMENT RÉSOUDRE LES MOTS MÊLÉS

Les puzzles sont dans un format classique :

- Les mots sont cachés sans espaces, tirets, ...
- Orientation : Les mots peuvent être écrits en avant, en arrière, vers le haut, vers le bas ou en diagonale (ils peuvent être inversés).
- Les mots peuvent se chevaucher ou se croiser.

2) UN APPRENTISSAGE ACTIF

Un espace est prévu à côté de chaque mots pour noter la traduction. Pour favoriser un apprentissage actif un **DICTIONNAIRE** à la fin de cette édition vous permettra de vérifier et étendre vos connaissances. Cherchez et notez les traductions, trouvez-les dans le Puzzle et ajoutez-les à votre vocabulaire !

3) MARQUEZ LES MOTS

Vous pouvez inventer votre propre système de marquage. Peut-être en utilisez-vous déjà un ? Sinon, vous pourriez, par exemple, marquer les mots qui ont été difficiles à trouver d'une croix, ceux que vous avez aimés d'une étoile, les mots nouveaux d'un triangle, les mots rares d'un diamant, etc...

4) STRUCTUREZ VOTRE APPRENTISSAGE

Cette édition vous offre un **CARNET DE NOTES** très pratique à la fin du livre. En vacances ou en voyage ou à la maison, vous pouvez facilement organiser vos nouvelles connaissances sans avoir besoin d'un second bloc-notes !

5) VOUS AVEZ FINI TOUTES LES GRILLES ?

Allez à la section bonus **CHALLENGE FINAL** pour trouver un jeu gratuit à la fin de cette édition !

Simple et Rapide ! Découvrez notre collection de livres d'activités pour votre prochain moment de détente et **d'apprentissage**, à juste un clic de distance !

Trouvez votre prochain défi sur :

BestActivityBooks.com/MonProchainLivre

À vos marques, prêts... Partez !

Saviez-vous qu'il existe environ 7 000 langues différentes dans le monde ? Les mots sont précieux.

Nous aimons les langues et avons travaillé dur pour créer les livres de la plus haute qualité pour vous. Nos ingrédients ?

Une sélection des thématiques d'apprentissage adaptée, trois belles parts de divertissement, puis nous ajoutons une cuillère de mots difficiles et une pincée de mots rares. Nous les servons avec soin et un maximum de plaisir pour vous permettre de résoudre les meilleurs jeux de mots mêlés qui soient et d'apprendre en vous amusant !

Votre avis est essentiel. Vous pouvez participer activement au succès de ce livre en nous laissant un commentaire. Nous aimerions vraiment savoir ce que vous avez préféré dans cette édition !

Voici un lien rapide qui vous mènera à la page d'évaluation de vos commandes :

BestBooksActivity.com/Avis50

Merci pour votre aide et amusez-vous bien !

De la part de toute l'équipe

1 - Adjectifs #2

F	C	I	C	F	Q	Y	B	D	I	L	Y	S	D	C	B
S	A	O	R	L	A	X	O	Z	U	F	W	P	I	Y	O
N	K	D	Y	H	L	L	I	B	K	K	W	Y	S	F	P
E	D	B	F	P	K	H	C	Y	S	Q	Y	G	G	R	Q
O	I	U	H	W	Q	H	A	H	A	G	K	N	R	I	X
D	K	E	N	W	O	G	W	A	R	I	P	O	I	F	N
J	K	R	X	Z	S	C	Z	A	B	T	Q	O	F	O	O
K	V	B	P	V	Y	S	M	H	C	A	I	N	I	L	N
T	T	L	L	Y	W	G	Q	K	A	M	Q	C	A	O	L
F	L	O	I	R	U	T	A	N	I	A	W	B	D	Y	J
Q	K	R	U	P	B	R	P	R	N	R	R	V	O	C	E
V	L	O	G	I	D	A	E	R	C	D	T	L	L	K	D
M	R	D	D	Y	W	E	N	R	R	E	H	A	L	L	T
R	A	D	A	W	N	U	S	P	W	E	R	U	S	E	W
W	F	I	V	A	C	Y	N	H	Y	R	C	H	I	O	L
Q	T	D	P	J	R	V	T	J	V	P	P	W	H	N	I

DILYS
ENWOG
CREADIGOL
DISGRIFIADOL
DAWNUS
DRAMATIG
CAIN
FALCH
CRYF
DIDDOROL
NATURIOL
NEWYDD
CYNHYRCHIOL
PWERUS
PUR
CYFRIFOL
IACH
HALLT
GWYLLT
SYCH

2 - Force et Gravité

W	Q	M	X	L	A	J	G	J	V	A	S	M	P	A	A
N	J	F	O	I	G	E	E	Q	B	X	J	A	H	K	W
D	P	W	Y	S	A	U	G	N	A	H	E	G	M	V	G
D	A	C	Y	F	L	Y	M	D	E	R	D	N	I	L	M
Y	E	R	B	Q	X	G	Q	M	W	T	N	E	M	O	M
N	C	P	G	E	S	I	F	F	X	F	E	T	Z	N	N
A	H	L	E	A	F	K	R	E	T	L	L	E	P	I	G
M	E	A	V	J	N	F	A	M	S	E	R	G	E	D	L
I	L	N	D	E	L	F	R	V	P	B	W	I	F	E	E
G	C	E	U	S	P	I	Y	I	X	C	A	N	F	R	I
E	A	D	O	R	B	I	T	D	T	S	S	N	A	F	D
N	N	A	E	B	J	I	P	O	D	H	D	Y	I	F	D
A	O	U	T	M	V	X	I	B	G	I	I	C	T	Y	O
C	L	H	J	I	W	O	Z	K	T	X	A	A	H	C	G
E	P	H	N	E	O	P	N	P	R	P	B	D	N	A	E
M	B	B	N	B	A	L	P	J	Z	K	D	C	A	T	O

ECHEL
CANOL
DARGANFYDDIAD
PELLTER
DYNAMIG
EHANGU
MOMENTWM
FFRITHIANT
EFFAITH
MAGNETEG
MECANEG
CYNNIG
ORBIT
FFISEG
PLANEDAU
PWYSAU
EIDDO
AMSER
CYFFREDINOL
CYFLYMDER

3 - Adjectifs #1

O	G	U	C	E	U	N	D	H	U	R	U	A	N	E	T
Z	I	J	H	A	N	W	Z	J	N	O	C	H	G	A	F
Q	T	A	V	C	A	F	K	K	I	N	H	X	W	X	U
B	O	R	Y	T	H	J	A	H	O	E	E	Q	E	S	W
S	S	O	W	B	Z	N	L	W	N	S	L	F	I	O	Y
W	G	N	F	M	P	C	O	A	R	T	G	A	T	P	B
O	E	H	S	N	P	Q	D	M	U	M	E	F	H	P	V
M	O	D	E	R	N	G	A	R	A	F	I	H	R	S	K
T	M	T	K	J	W	I	I	D	D	J	S	A	E	F	L
X	H	A	J	A	T	T	N	T	Z	M	I	E	D	I	M
P	W	Y	S	I	G	S	E	F	A	G	O	L	O	L	O
K	D	E	W	I	N	I	D	H	D	M	L	E	L	G	Z
I	F	A	N	C	Y	T	D	A	B	S	O	L	I	W	T
O	Q	Y	T	D	S	R	R	D	O	Y	D	R	R	Q	T
K	U	A	P	R	Y	A	A	Q	C	H	D	U	A	M	P
H	G	X	G	H	J	U	H	T	I	A	F	F	R	E	P

ABSOLIWT
GWEITHREDOL
UCHELGEISIOL
AROMATIG
ARTISTIG
DENIADOL
HARDD
EGSOTIG
ENFAWR
HAEL
ONEST
UNION
PWYSIG
DINIWED
IFANC
ARAF
TRWM
TENAU
MODERN
PERFFAITH

4 - Échecs

O	V	L	N	A	U	P	R	H	E	O	L	A	U	A	N
E	R	S	L	R	Z	G	Ê	M	Y	D	B	Q	X	M	U
P	U	E	S	E	N	I	H	N	E	R	B	L	E	S	N
S	O	E	W	L	T	I	H	H	R	F	F	P	J	E	H
A	B	E	R	T	H	R	U	H	O	Z	R	U	Q	R	T
G	O	C	A	J	Q	X	A	K	R	A	C	H	J	V	E
J	D	D	Y	B	E	N	Y	W	H	T	R	W	G	Z	A
I	D	D	Y	S	G	U	N	U	S	N	G	C	H	D	U
I	T	N	I	A	M	A	N	R	W	T	O	H	E	I	E
E	N	X	I	B	W	J	H	S	G	O	D	W	R	Q	L
K	R	N	O	N	T	X	I	O	R	D	D	A	I	J	D
S	T	R	A	T	E	G	A	E	T	H	E	R	A	W	A
E	D	Q	J	P	A	R	W	D	O	L	F	A	U	N	T
G	W	Y	N	J	G	N	B	M	X	K	O	E	N	M	S
P	E	N	C	A	M	P	W	R	R	U	L	W	O	S	Y
P	W	Y	N	T	I	A	U	U	S	A	B	R	X	L	G

GWRTHWYNEBYDD
I DDYSGU
GWYN
PENCAMPWR
GYSTADLEUAETH
HERIAU
LLETRAWS
GÊM
CHWARAEWR
DU
GODDEFOL
PWYNTIAU
BRENHINES
RHEOLAU
BRENIN
ABERTH
STRATEGAETH
AMSER
TWRNAMAINT

5 - Herboristerie

B	Q	P	N	R	C	K	Q	C	N	K	I	I	Y	V	G
R	L	G	I	N	E	F	F	C	O	G	I	N	I	O	G
V	T	O	W	O	U	P	Q	O	T	J	Z	E	T	I	A
K	A	G	D	E	G	E	T	B	A	S	I	L	P	Y	R
V	R	W	D	Y	Y	F	F	B	A	T	H	D	Y	I	D
F	A	Y	W	M	N	O	I	S	Y	W	H	N	Y	C	D
M	G	R	A	W	O	A	L	B	U	D	D	I	O	L	O
W	O	D	S	J	P	R	S	M	J	S	X	H	I	U	G
R	N	D	N	B	G	O	R	L	S	M	B	U	D	Q	B
F	H	E	A	L	G	M	E	A	R	U	D	F	C	I	C
F	T	O	R	A	N	A	P	M	H	L	W	Y	O	A	C
A	R	Q	S	S	V	T	T	E	I	M	A	F	P	S	M
S	W	W	Q	M	M	I	H	P	R	F	O	F	O	L	J
G	E	L	L	R	A	G	F	Q	D	E	O	L	A	P	Y
Z	I	C	D	Z	W	R	R	C	D	W	O	F	A	N	Q
M	L	D	Z	V	F	D	M	A	R	J	O	R	A	M	T

GARLLEG
AROMATIG
BASIL
BUDDIOL
COGINIO
TARAGON
FFENIGL
BLODYN
CYNHWYSION
GARDD
LAFANT
MARJORAM
BATHDY
PERSLI
ANSAWDD
RHOSMAR
SAFFRWM
BLAS
TEIM
GWYRDD

6 - Véhicules

S	X	H	B	B	G	W	E	N	N	O	L	Q	S	M	M
N	G	F	E	W	T	M	O	F	T	J	N	O	F	W	O
A	X	W	Y	U	S	J	C	F	I	W	K	G	D	N	D
L	L	L	T	W	R	L	N	N	R	Y	C	L	U	E	U
W	L	V	N	E	R	Y	W	A	I	Q	C	W	C	H	R
I	U	O	K	I	R	E	F	F	O	M	O	N	C	H	B
B	T	T	Y	I	I	W	H	A	N	A	S	O	O	J	E
M	S	T	J	O	I	D	D	R	O	F	F	S	I	A	I
A	H	J	C	T	T	A	V	A	Z	K	N	J	W	Z	C
J	Y	Y	Q	I	R	C	G	C	J	I	Y	L	I	I	Q
J	T	N	U	Q	A	T	Y	Y	L	F	P	G	Z	L	T
T	A	C	S	I	C	D	D	Y	N	N	E	R	F	O	H
R	Y	D	H	R	T	Y	E	Q	R	C	M	U	W	Y	N
H	E	Q	C	O	O	S	W	C	C	A	W	Q	A	W	E
K	F	C	V	L	R	X	W	I	O	R	F	U	B	X	V
L	L	O	N	G	D	A	N	F	O	R	E	J	P	G	N

AMBIWLANS
AWYREN
CWCH
BWS
LORI
CARAFAN
FFERI
ROCED
HOFRENNYDD
ISFFORDD

MODUR
GWENNOL
TIRION
LLU
SGWTER
LLONG DANFOR
TACSI
TRACTOR
BEIC
CAR

7 - Camping

A	H	P	D	E	W	H	M	Q	F	X	B	L	M	P	R
L	N	N	C	I	Z	H	K	E	I	P	F	F	A	H	R
E	R	T	N	H	Y	D	F	C	A	P	S	A	P	K	Q
H	E	E	U	M	T	Z	V	I	R	U	T	A	N	K	L
K	S	H	U	R	U	Q	U	C	O	E	D	W	I	G	L
P	U	E	Q	W	L	L	Y	N	I	Q	F	C	A	N	Ŵ
R	L	N	Z	W	K	C	O	M	M	A	H	F	G	P	K
Y	L	O	K	Z	D	R	A	I	S	D	H	X	O	M	I
F	D	T	T	Z	E	V	O	B	A	D	A	U	E	L	L
E	I	Â	L	W	L	X	J	C	A	Y	O	H	F	U	U
D	J	N	L	P	M	C	E	D	A	N	Z	E	U	C	H
F	B	J	E	V	C	J	T	O	O	Y	R	X	K	N	Y
X	V	C	B	O	E	F	Q	U	Z	M	Q	N	X	E	N
K	G	F	A	N	I	F	E	I	L	I	A	I	D	O	O
C	W	M	P	A	W	D	K	K	W	V	C	H	D	Y	J
J	U	J	N	X	O	C	A	C	L	C	J	Y	V	X	E

ANIFEILIAID
ANTUR
CWMPAWD
CABAN
CANŴ
MAP
HET
HELA
RHAFF
OFFER
TÂN
COEDWIG
HAMMOCK
PRYFED
LLYN
LLUSERN
LLEUAD
MYNYDD
NATUR
PABELL

8 - Écologie

G	D	I	S	U	X	G	R	C	G	C	N	J	Y	P	Z
A	O	D	S	M	N	O	B	Y	I	Q	L	J	H	L	G
N	M	R	F	K	T	R	G	N	A	E	D	Y	B	A	F
C	A	R	S	X	T	O	R	E	D	H	C	Y	S	N	L
C	S	T	Y	J	I	E	U	F	R	U	Y	N	K	H	O
Y	Q	Y	U	W	H	S	T	I	X	O	V	T	Q	I	R
N	J	A	P	R	I	I	A	N	W	A	F	F	M	G	A
A	C	Z	N	P	I	A	N	W	E	S	E	E	Q	I	B
L	Y	O	X	H	R	O	E	R	G	A	O	P	Z	O	M
I	M	J	B	V	B	U	L	T	U	H	H	X	Q	N	O
A	U	V	J	Q	D	A	P	T	H	E	T	H	R	M	R
D	N	G	W	I	R	F	O	D	D	O	L	W	Y	R	O
W	E	R	H	Y	W	O	G	A	E	T	H	A	U	E	L
Y	D	D	W	A	S	N	I	H	W	P	Y	N	S	P	T
M	A	M	Y	N	Y	D	D	O	E	D	D	A	F	B	U
T	U	A	D	N	O	D	D	A	U	O	V	L	M	T	K

GWIRFODDOLWYR
HINSAWDD
CYMUNEDAU
AMRYWIAETH
CYNALIADWY
RHYWOGAETHAU
FFAWNA
FLORA
BYD-EANG
CYNEFIN
GORS
MOROL
MYNYDDOEDD
NATUR
NATURIOL
PLANHIGION
ADNODDAU
SYCHDER
GOROESI

9 - Géométrie

H	U	O	V	H	E	S	F	L	N	S	À	M	C	G	G
C	A	S	T	R	W	H	W	J	I	E	C	J	A	B	F
U	Y	F	T	R	I	O	N	G	L	G	Y	U	N	U	E
F	Z	F	A	T	P	H	C	D	M	M	F	J	O	A	R
V	Q	C	R	L	H	D	S	K	O	E	R	H	L	I	T
A	U	F	B	A	I	E	E	R	R	N	I	A	R	N	I
N	P	H	D	V	N	A	O	J	G	T	F	H	I	M	G
R	V	E	G	G	C	J	D	R	K	A	I	F	F	Q	O
G	R	D	E	M	A	I	D	U	I	U	A	O	V	P	L
D	H	K	M	Q	O	I	W	C	K	M	D	R	P	W	F
Q	I	I	Y	F	A	E	F	H	C	Y	L	C	H	V	G
S	F	Q	S	T	N	D	B	D	D	T	G	R	A	N	V
O	G	B	E	N	Y	W	K	E	L	T	N	H	E	L	Y
C	X	R	H	Y	S	G	O	R	H	C	O	F	Y	C	W
E	V	F	R	C	Y	M	E	S	U	R	E	D	D	Z	W
O	Z	D	D	I	M	E	N	S	I	W	N	F	O	I	D

ONGL
CYFRIFIAD
CYLCH
GROMLIN
DIAMEDR
DIMENSIWN
HAFALIAD
UCHDER
RHESYMEG
MÀS

CANOLRIF
RHIF
CYFOCHROG
CYFRAN
SEGMENT
WYNEB
CYMESUREDD
THEORI
TRIONGL
FERTIGOL

10 - Les Médias

C	O	A	T	U	M	A	L	A	Z	U	D	I	L	V	R
Y	W	G	X	N	R	H	W	Y	D	W	A	I	T	H	E
L	B	W	T	I	A	D	E	L	W	E	D	D	A	U	J
L	A	E	B	G	S	I	E	D	E	I	H	Q	K	I	T
I	R	D	J	O	G	G	D	O	C	A	R	L	E	I	N
D	N	D	C	L	B	G	J	Y	E	X	A	O	Y	R	M
A	C	A	F	E	O	L	Y	Z	W	M	F	S	L	A	A
I	S	U	D	D	E	O	H	Y	C	I	M	U	L	D	S
F	M	C	M	T	I	D	F	Y	W	O	D	L	U	I	N
F	F	E	I	T	H	I	A	U	S	Q	L	L	N	O	A
A	Y	E	L	D	X	G	U	W	E	A	X	A	I	Z	C
R	E	P	K	F	G	I	M	Y	J	U	U	E	A	S	H
G	S	Y	D	D	A	D	M	F	I	R	S	D	U	T	O
R	U	K	L	L	C	Y	F	A	T	H	R	E	B	U	L
A	L	V	L	L	E	O	L	T	E	L	E	D	U	W	L
O	S	F	S	C	L	A	O	M	L	C	A	G	Y	M	A

AGWEDDAU
MASNACHOL
CYFATHREBU
AR-LEIN
ARGRAFFIAD
ADDYSG
FFEITHIAU
CYLLID
DELWEDDAU
UNIGOL
DIWYDIANT
DEALLUSOL
LLEOL
DIGIDOL
BARN
LLUNIAU
CYHOEDDUS
RADIO
RHWYDWAITH
TELEDU

11 - Philanthropie

I	R	I	O	R	R	C	B	Y	D	E	A	N	G	G	G
N	E	T	V	L	B	J	R	Q	M	G	T	X	C	E	O
O	M	U	A	D	O	N	U	O	H	U	W	M	G	L	N
I	N	N	E	L	G	A	H	R	N	E	F	J	E	U	E
L	B	O	P	N	K	F	F	R	N	F	R	L	I	S	S
E	J	Y	O	G	C	H	D	I	M	Q	E	I	V	E	T
A	T	N	L	X	W	T	Q	N	Q	V	D	Y	A	N	R
H	T	J	R	B	I	E	I	I	Y	H	I	N	D	U	W
Y	I	I	L	N	N	A	N	D	I	L	L	Y	C	D	Y
A	N	G	E	N	M	D	G	R	W	P	I	A	U	X	D
P	I	S	U	A	D	A	I	T	L	L	Y	S	Y	C	D
L	E	Q	E	S	S	H	C	Y	M	U	N	E	D	E	E
A	H	A	N	E	S	N	C	Y	H	O	E	D	D	U	S
N	G	W	J	Q	D	E	R	A	A	U	N	F	J	Z	Z
T	S	T	F	W	C	C	V	T	Y	T	I	Z	K	V	E
D	Y	N	O	L	I	A	E	T	H	E	H	Y	B	G	D

ANGEN
NODAU
ELUSEN
CYMUNED
CYSYLLTIADAU
HERIAU
PLANT
CYLLID
CRONFEYDD
POBL
HAELIONI
BYD-EANG
GRWPIAU
HANES
GONESTRWYDD
DYNOLIAETH
IEUENCTID
CENHADAETH
RHAGLENNI
CYHOEDDUS

12 - Diplomatie

T	Q	S	S	U	U	B	Q	R	C	A	C	J	C	I	T
K	R	B	E	D	N	U	T	Y	C	D	Y	S	Y	L	R
B	E	A	Y	Y	O	P	X	N	T	V	M	N	F	O	A
X	T	M	F	I	I	J	H	A	T	R	U	A	R	Q	M
C	P	B	B	O	D	W	C	R	D	Q	N	U	E	U	O
H	T	E	A	R	D	O	W	Y	L	L	E	U	I	N	R
B	P	T	H	A	Y	A	L	W	T	O	D	T	T	I	C
R	B	A	I	D	S	V	E	P	T	R	U	D	H	O	Y
V	E	Z	E	H	A	V	G	T	I	A	G	I	I	N	F
K	O	W	I	T	N	O	O	R	H	G	S	N	O	D	I
O	D	L	C	R	I	K	I	U	Y	N	D	E	L	E	A
K	V	N	I	W	D	D	D	V	N	Y	A	S	M	B	W
W	R	M	U	G	E	S	E	O	M	D	T	I	K	B	N
Y	M	G	Y	R	C	H	O	E	D	D	R	G	O	I	D
I	E	I	T	H	O	E	D	D	T	D	Y	O	U	P	E
L	L	Y	S	G	E	N	N	A	D	W	S	N	E	Y	R

LLYSGENNAD
YMGYRCHOEDD
DINASYDDION
DINESIG
CYMUNED
GWRTHDARO
TRAFODAETH
MOESEG
TRAMOR
LLYWODRAETH
DYNGAROL
UNIONDEB
CYFIAWNDER
IEITHOEDD
CYFREITHIOL
DATRYS
DIOGELWCH
ATEB
CYTUNDEB

13 - Électricité

T	E	N	G	A	M	A	U	V	Q	B	L	S	N	C	R
W	R	G	E	N	E	R	A	D	U	R	A	T	E	A	H
S	C	Y	G	W	B	B	R	A	D	S	S	O	G	D	W
O	O	L	D	O	I	E	F	W	E	V	E	R	Y	A	Y
B	L	W	B	A	P	V	I	U	L	W	R	I	D	R	D
A	B	Y	W	R	N	P	W	U	E	I	G	O	D	N	W
T	E	M	N	R	Ô	W	G	P	T	D	U	M	O	H	A
R	C	I	V	B	F	L	R	M	A	I	N	T	L	A	I
I	Z	V	X	Z	F	B	G	A	T	M	C	S	O	O	T
J	E	H	M	V	T	O	N	L	D	R	H	R	C	L	H
G	W	R	T	H	R	Y	C	H	A	U	Y	U	B	B	S
B	Y	D	X	T	O	V	I	D	M	B	G	D	B	I	O
O	G	B	H	H	F	C	E	Y	Y	B	D	L	A	X	C
C	O	M	I	C	F	S	E	H	G	N	T	O	H	N	E
O	Q	Q	O	B	E	V	L	F	V	R	C	E	A	E	D
N	D	D	N	V	R	Y	D	C	L	Q	S	R	N	O	J

MAGNET
BWLB
BATRI
CEBL
TRYDANWR
TRYDAN
OFFER
GWIFRAU
GENERADUR
LAMP
LASER
NEGYDDOL
GWRTHRYCHAU
CADARNHAOL
SOCED
MAINT
RHWYDWAITH
STORIO
FFÔN
TELEDU

14 - Astronomie

O	R	A	E	A	D	D	W	A	S	Y	D	Y	B	V	N
X	O	F	W	B	X	Y	I	T	H	B	Y	Z	Q	G	E
G	C	A	A	T	W	M	F	G	O	F	O	D	W	R	B
A	E	F	S	R	B	H	H	F	I	S	A	E	N	A	U
L	D	O	E	T	G	N	Z	Z	X	E	D	N	J	T	L
A	P	N	S	F	E	X	M	O	W	R	D	A	Y	A	A
E	K	H	M	L	T	R	E	B	Y	Y	E	L	E	Y	H
T	S	C	U	D	C	U	O	U	Q	D	R	B	K	E	C
H	O	W	T	E	C	V	A	I	V	D	D	I	W	L	Y
P	L	U	Z	P	Q	W	F	T	D	W	Y	Q	D	R	T
B	A	H	E	V	R	A	L	K	F	R	L	A	M	U	S
R	R	X	A	Q	E	C	L	I	P	S	E	W	E	V	E
L	L	E	U	A	D	W	Y	N	U	J	B	Y	T	R	R
C	O	S	M	O	S	B	S	K	F	R	M	R	E	E	N
E	Q	U	I	N	O	X	R	W	L	S	Y	N	O	I	L
F	I	D	K	F	Q	E	A	K	K	N	Y	S	R	X	A

ASTEROID
GOFODWR
SERYDDWR
AWYR
CYTSER
COSMOS
ECLIPSE
EQUINOX
ROCED
GALAETH
LLEUAD
METEOR
NEBULA
ARSYLLFA
BLANED
YMBELYDREDD
SOLAR
UWCHNOFA
DDAEAR
BYDYSAWD

15 - Physique

A	C	M	V	M	H	T	F	P	A	N	H	R	E	F	N
M	E	N	S	H	À	Y	C	Y	F	L	Y	M	D	E	R
L	M	C	H	M	U	S	H	P	G	F	S	Q	F	E	W
D	E	O	I	C	A	L	M	Y	W	N	I	H	G	O	S
E	G	R	X	K	N	G	M	C	V	C	J	V	P	A	Q
R	O	W	T	H	N	D	N	O	R	T	C	E	L	E	M
D	L	Y	V	H	Y	Y	E	E	L	N	E	F	O	X	O
B	W	Z	K	M	N	S	B	T	T	M	H	F	N	L	L
Q	C	Y	O	J	O	C	B	R	N	E	B	O	I	R	E
D	F	B	S	Y	R	K	B	B	A	A	G	R	D	M	C
A	T	O	M	E	G	X	R	A	I	X	H	M	E	E	I
Q	P	B	W	U	D	Y	U	Z	R	E	R	I	R	C	W
X	B	L	X	B	W	D	P	N	I	Q	P	W	F	A	L
C	Y	F	L	Y	M	I	A	D	E	D	Q	L	F	N	A
G	N	I	W	C	L	E	A	R	P	M	G	A	Y	E	B
D	I	S	G	Y	R	C	H	I	A	N	T	N	C	G	M

CYFLYMIAD
ATOM
ANHREFN
CEMEGOL
DWYSEDD
ELECTRON
FFORMIWLA
AMLDER
NWY
DISGYRCHIANT
MAGNETEG
MÀS
MECANEG
MOLECIWL
PEIRIANT
NIWCLEAR
GRONYNNAU
YMLACIO
CYFFREDINOL
CYFLYMDER

16 - Types de Cheveux

L	M	O	C	F	E	G	G	T	Y	C	W	Q	D	H	D
B	S	W	Y	F	Y	I	R	R	R	I	H	H	H	B	K
M	E	Y	Q	D	O	D	Y	T	P	W	T	E	L	E	S
L	G	O	I	N	I	E	L	G	S	I	C	I	A	C	H
Q	O	W	A	G	A	H	S	L	J	L	E	H	L	P	F
G	I	B	Y	T	R	T	N	T	D	L	C	P	U	P	U
J	L	V	O	N	I	E	B	I	J	W	N	F	R	S	U
R	R	Y	B	W	A	L	H	V	M	G	H	X	R	V	Y
O	Y	P	H	O	N	P	D	J	A	M	F	K	N	B	Y
H	C	Y	S	R	B	F	Q	C	U	R	L	S	F	R	H
M	X	C	K	B	L	V	P	F	T	I	I	I	N	Y	P
T	H	R	M	E	D	D	A	L	C	L	A	O	M	E	O
N	M	O	E	L	K	N	J	C	L	P	C	Z	N	Q	I
Z	Q	D	Y	W	L	L	O	A	A	U	S	E	Y	Y	B
V	D	U	A	N	E	T	O	L	F	D	M	E	K	V	K
B	L	E	T	H	I	R	Y	T	B	Q	E	X	E	B	Y

ARIAN
GWYN
BLOND
CURLS
SGLEINIOG
MOEL
LLIW
BYR
MEDDAL
TRWCHUS
CYRLIOG
LLWYD
HIR
BROWN
TENAU
DU
IACH
SYCH
BLETHI
PLETHEDIG

17 - Archéologie

A	Q	H	C	W	L	E	G	R	I	D	B	A	U	A	S
G	T	P	D	O	M	A	W	F	C	M	S	R	S	N	L
Z	M	H	K	A	V	C	R	O	M	J	H	B	T	H	R
P	Y	E	R	H	M	Î	T	E	R	I	G	E	H	Y	T
B	G	G	J	O	D	H	H	M	W	S	S	N	C	S	R
F	Z	V	B	W	O	D	R	X	S	T	D	I	R	B	D
B	F	D	D	Y	N	N	Y	G	S	I	D	G	A	Y	D
E	E	O	W	L	F	Q	C	L	M	W	O	W	I	S	E
D	Z	E	S	I	Y	D	H	Y	I	H	S	R	R	A	O
D	S	A	B	I	C	B	A	X	H	W	U	W	A	T	D
C	F	K	J	S	L	B	U	O	W	Y	H	P	E	X	D
G	W	A	R	E	I	D	D	I	A	D	T	C	Z	I	Y
H	Y	N	A	F	I	A	E	T	H	P	R	V	M	M	N
V	V	E	Y	P	E	S	G	Y	R	N	E	Z	I	Y	Y
G	F	B	V	R	G	I	I	W	Z	F	W	D	E	M	L
A	N	G	H	O	F	I	O	J	J	U	G	P	H	L	B

BLYNYDDOEDD
HYNAFIAETH
YMCHWILYDD
GWAREIDDIAD
DISGYNNYDD
ARBENIGWR
CYFNOD
TÎM
GWERTHUSO
FFOSIL
ANHYSBYS
DIRGELWCH
GWRTHRYCHAU
ESGYRN
ANGHOFIO
ATHRO
CRAIR
DEML
BEDD

18 - Mammifères

L	L	Q	X	J	G	Q	B	F	P	Z	G	L	A	C	S
Y	L	L	R	X	I	C	A	T	H	H	T	A	R	W	E
F	C	E	W	N	I	R	G	I	E	T	P	R	T	N	B
F	U	T	W	Y	C	N	A	L	I	R	O	G	H	I	R
E	Z	O	R	F	N	W	D	F	A	N	O	D	H	N	A
C	U	Y	A	D	W	O	E	I	F	L	R	N	M	G	Z
P	J	O	T	N	M	C	G	B	N	V	A	K	O	E	H
R	Q	C	O	P	D	A	S	X	R	F	G	X	R	N	A
V	C	M	J	S	B	L	I	H	O	Q	N	F	F	D	B
D	O	L	F	F	I	N	P	E	X	K	A	V	I	V	P
D	X	G	C	V	N	J	D	Z	R	X	K	K	L	Q	O
I	E	L	I	F	F	A	N	T	B	L	E	F	S	J	F
A	B	G	U	V	E	Y	F	F	A	V	Y	U	K	F	I
L	C	W	J	B	K	E	T	J	K	C	J	B	N	G	R
B	V	A	M	W	L	Z	X	Y	D	I	A	F	E	D	C
J	H	D	Q	O	R	L	R	Z	I	U	V	W	O	N	W

MORFIL
CATH
CEFFYL
CI
COYOTE
DOLFFIN
ELIFFANT
JIRAFF
GORILA
KANGAROO
CWNINGEN
LLEW
BLAIDD
DEFAID
ARTH
LLWYNOG
MWNCI
TARW
TEIGR
SEBRA

19 - Chocolat

C	S	U	S	A	L	B	D	Z	X	M	Y	R	E	Y	R
T	Y	J	K	S	I	W	G	R	V	E	N	X	G	Q	Y
Y	L	N	D	L	G	D	Z	N	Q	M	Q	R	S	P	S
Q	E	J	H	P	A	Q	O	Z	E	V	C	X	O	W	Á
J	M	R	D	W	O	P	Y	B	S	P	Q	U	T	E	I
R	F	Y	H	R	Y	C	H	I	A	B	M	P	I	T	T
R	P	W	E	E	L	S	N	U	U	R	T	U	G	H	Y
O	P	T	Q	W	G	S	I	A	Z	M	S	E	Z	H	R
E	B	F	H	H	O	A	T	O	U	Y	H	O	C	E	M
Z	Y	F	Y	C	R	L	L	X	N	C	T	E	V	R	X
C	T	E	E	U	A	B	E	O	F	F	O	H	H	Y	F
Q	R	R	P	B	I	X	M	D	R	Y	A	C	W	F	C
J	H	C	S	U	P	M	A	O	L	Ï	C	R	O	D	Z
C	A	N	D	Y	B	L	R	Y	X	I	A	P	I	V	I
A	N	S	A	W	D	D	A	G	Q	X	C	U	L	Y	Q
D	L	O	I	D	I	S	C	O	H	T	R	W	G	Y	I

CHWERW
GWRTHOCSIDIOL
AROGL
CREFFTWYR
CANDY
CACAO
GALORÏAU
CARAMEL
BLASUS
MELYS
EGSOTIG
HOFF
BLAS
CYNHWYSION
CNAU COCO
POWDR
ANSAWDD
RYSÁIT
SIWGR

20 - Mathématiques

O	X	K	Z	H	C	M	X	N	R	B	J	F	A	V	S
F	N	W	I	S	C	A	R	F	F	E	E	S	M	C	Y
H	O	G	L	Y	F	R	H	S	H	R	B	W	F	S	A
J	G	E	L	E	T	G	R	G	X	P	C	M	E	C	B
U	Y	D	A	A	F	O	J	W	Y	E	A	X	S	Z	T
E	L	D	Y	D	U	L	U	Â	P	N	G	G	U	D	J
B	O	Y	R	F	Q	E	A	R	C	D	E	V	R	C	D
N	P	F	T	N	I	L	F	Z	F	I	O	B	L	Y	E
D	V	I	E	E	W	A	M	U	V	C	M	R	M	F	G
D	U	H	P	L	O	R	F	Y	C	W	E	A	V	O	O
E	V	R	U	C	Y	A	E	J	T	L	T	D	O	C	L
H	A	U	T	L	P	P	W	H	V	A	R	I	Q	H	Z
C	Y	M	E	S	U	R	E	D	D	R	E	W	Z	R	Q
L	X	D	A	T	R	I	O	N	G	L	G	S	T	O	B
Y	I	H	M	H	L	S	D	I	A	M	E	D	R	G	S
C	T	U	Q	N	G	U	F	H	A	F	A	L	I	A	D

ONGLAU
RHIFYDDEG
SGWÂR
CYLCHEDD
DEGOL
DIAMEDR
HAFALIAD
FFRACSIWN
GEOMETREG
CYFOCHROG
PARALELOGRAM
BERPENDICWLAR
AMFESUR
POLYGON
RADIWS
PETRYAL
SWM
CYMESUREDD
TRIONGL
CYFROL

21 - Sport

E	C	Q	A	J	K	L	E	B	L	N	N	S	B	D	C
L	Y	D	T	G	I	X	O	S	Q	J	O	G	E	Y	L
C	H	T	E	A	M	M	I	N	G	O	E	N	I	G	R
R	Y	D	A	W	N	S	I	O	C	Y	A	O	C	N	H
Y	R	T	F	F	S	O	O	M	V	I	R	D	I	W	Y
F	A	I	F	O	G	W	B	H	U	Q	A	N	O	C	F
D	U	A	R	O	G	Y	D	U	E	N	W	N	I	H	F
E	X	Q	O	N	P	V	M	P	W	X	H	E	F	G	O
R	U	R	C	A	O	K	N	E	H	V	C	I	O	V	R
D	E	I	E	T	P	D	E	Y	T	Q	Z	X	N	M	D
D	N	I	V	G	A	L	L	U	S	A	U	T	I	I	D
T	O	K	Y	P	F	I	G	P	A	N	B	E	H	B	W
L	X	Q	W	N	H	J	A	L	L	G	P	O	J	C	R
S	L	P	I	I	E	C	H	Y	D	O	V	E	L	E	C
H	D	U	Y	Y	F	U	R	I	I	K	U	B	K	I	Q
M	A	B	O	L	G	A	M	P	W	R	D	J	P	Y	G

MABOLGAMPWR
GALLU
CORFF
BEICIO
DAWNSIO
DEIET
DYGNWCH
HYFFORDDWR
CRYFDER
LONCIAN

WNEUD Y GORAU
METABOLIG
CYHYRAU
I NOFIO
MAETH
NOD
ESGYRN
RHAGLEN
IECHYD
CHWARAEON

22 - Mythologie

Y	A	V	O	P	C	C	Z	B	C	D	P	F	E	K	C
R	M	N	E	K	H	B	A	F	R	O	M	V	U	D	M
H	C	D	G	G	Y	H	H	S	E	R	W	R	A	I	E
Y	K	C	D	H	Q	B	O	M	D	I	S	R	S	W	D
F	D	Y	G	Y	E	V	M	L	O	W	R	A	M	Y	D
E	O	O	B	D	G	N	H	R	A	H	O	Y	J	L	W
L	W	G	C	V	E	I	F	H	U	U	C	E	B	L	L
W	F	L	H	Q	S	L	A	I	D	D	H	V	Z	I	M
R	C	R	Y	F	D	E	R	D	L	O	J	Y	Z	A	I
C	E	N	F	I	G	E	N	N	T	L	L	E	M	N	M
L	J	X	A	W	G	J	T	E	K	O	N	G	T	T	R
W	A	N	F	A	R	W	O	L	D	E	B	J	A	O	C
F	D	J	D	F	S	U	C	R	E	A	D	U	R	A	Q
T	R	Y	C	H	I	N	E	B	Q	G	V	Z	S	V	M
C	H	W	E	D	L	T	Y	R	W	R	A	H	G	P	N
L	A	B	Y	R	I	N	T	H	C	A	I	J	O	F	Z

TRYCHINEB
YMDDYGIAD
CREU
CREADUR
CREDOAU
DIWYLLIANT
MELLT
CRYFDER
RHYFELWR
ARWRES
ARWR
ANFARWOLDEB
CENFIGEN
LABYRINTH
CHWEDL
HUDOL
ANGHENFIL
MARWOL
MEDDWL
DIAL

23 - Beauté

O	C	G	F	D	F	A	V	F	S	E	V	G	K	C	Z
H	U	W	R	C	R	F	M	A	S	C	A	R	A	Z	U
E	R	A	A	D	Y	Y	O	Z	G	X	E	K	F	R	T
S	L	S	G	A	C	F	C	T	D	Y	S	Q	S	G	W
G	S	A	R	G	I	B	A	H	O	D	A	X	I	R	C
L	K	N	A	V	H	G	S	N	X	G	Q	W	A	Q	E
O	G	A	N	E	O	R	C	I	S	R	E	L	M	C	I
E	Z	E	C	X	T	U	I	A	N	O	O	N	P	N	N
C	P	T	E	N	Z	L	T	C	Z	L	D	D	I	V	D
P	H	H	M	F	O	O	V	F	W	I	V	D	W	G	E
Y	O	A	R	Y	N	C	S	I	S	W	R	N	I	O	R
B	P	U	O	L	E	W	A	U	U	F	W	Y	L	A	X
M	W	O	N	L	B	A	C	M	E	H	J	W	L	S	D
P	S	T	E	I	L	Y	D	D	Q	V	Q	S	N	Q	Q
C	F	J	O	H	B	Z	Y	G	Q	Z	H	W	I	L	L
F	Y	Y	M	C	N	M	K	J	B	W	F	W	M	Q	C

CURLS
SWYN
SISWRN
COLUR
LLIW
CEINDER
CAIN
GRAS
OLEWAU
LLYFN
CYFANSODDIAD
MASCARA
DRYCH
FRAGRANCE
CROEN
FFOTOGENIG
MINLLIW
GWASANAETHAU
SIAMP
STEILYDD

24 - Avions

F	K	H	C	L	Y	G	R	Y	W	A	J	J	B	C	T
Y	G	D	D	Y	W	N	A	T	A	D	J	P	A	Y	E
M	V	D	S	E	N	A	H	X	N	E	Y	F	L	N	I
L	Y	W	I	O	E	I	R	P	T	O	W	Y	Ŵ	N	T
I	P	Z	M	I	G	Z	G	F	U	E	T	B	N	W	H
E	W	P	V	N	O	H	W	I	R	C	W	U	K	R	W
O	Y	R	T	A	R	Y	J	T	O	L	I	E	P	F	Y
R	L	W	W	L	D	B	H	A	D	N	Y	H	C	B	R
Y	I	V	Y	G	Y	L	L	U	D	A	L	I	E	D	A
A	P	V	L	J	H	U	K	J	Y	U	C	H	D	E	R
D	Z	Y	G	R	B	A	P	X	W	N	E	J	C	D	Z
C	O	K	A	H	Q	Z	N	C	H	H	Z	G	L	L	C
C	Y	F	E	I	R	I	A	D	C	S	X	T	T	Y	R
X	Y	Z	B	M	Y	O	D	P	E	I	R	I	A	N	T
D	R	F	V	J	W	B	C	Q	W	S	O	E	Y	R	Z
X	D	P	Q	D	A	I	N	Y	G	S	I	D	R	D	A

AWYRGYLCH
GLANIO
ANTUR
BALŴN
TANWYDD
AWYR
ADEILADU
DISGYNIAD
CYFEIRIAD
CRIW

CHWYDDO
UCHDER
CYNIGION
HANES
HYDROGEN
PEIRIANT
LYWIO
TEITHWYR
PEILOT
CYNNWRF

25 - Aventure

I	O	N	H	L	G	H	G	Y	R	U	J	H	Y	C	V
H	C	W	D	D	R	A	H	V	L	S	N	L	S	U	N
D	H	F	X	N	E	L	R	E	S	M	A	H	D	R	M
D	T	B	R	W	D	F	R	Y	D	E	D	D	Z	W	X
Y	I	R	G	D	R	F	A	B	A	S	Y	D	M	P	N
N	A	O	F	R	W	Y	S	Y	N	D	O	D	A	A	X
E	D	M	G	H	E	R	I	A	U	L	U	E	N	R	S
W	B	S	Y	E	D	N	E	W	Y	D	D	R	A	A	L
A	I	Q	S	U	L	G	Y	R	E	P	Q	A	R	T	L
L	W	W	G	N	U	W	Q	K	C	B	J	G	F	O	Y
L	G	S	F	W	J	Y	C	I	Y	Y	B	H	E	I	W
C	Y	R	C	H	F	A	N	H	F	O	I	T	R	R	I
W	X	V	W	R	L	Y	X	K	L	J	U	I	O	P	O
L	C	A	A	O	I	H	T	I	E	T	F	E	L	U	T
A	N	H	A	W	S	T	E	R	C	C	O	W	N	R	G
H	C	L	S	N	A	T	U	R	G	X	O	G	H	E	B

GWEITHGAREDD
HARDDWCH
DEWRDER
PERYGLUS
CYRCHFAN
HERIAU
ANHAWSTER
BRWDFRYDEDD
GWIBDAITH
ANARFEROL
AMSERLEN
LLAWENYDD
NATUR
LLYWIO
NEWYDD
CYFLE
PARATOI
DIOGELWCH
SYNDOD
TEITHIO

26 - Ville

M	D	G	C	G	I	N	I	L	C	S	L	B	A	D	S
V	F	I	J	W	B	W	Y	T	Y	X	R	U	A	M	Q
L	W	E	U	E	P	R	I	F	Y	S	G	O	L	N	X
E	N	P	N	S	W	C	E	B	L	F	P	H	A	F	C
N	D	M	L	T	S	S	V	U	C	T	S	K	M	A	S
U	A	R	F	Y	L	P	O	I	S	B	L	I	G	R	I
D	N	M	W	I	D	A	T	S	S	T	W	D	U	C	O
O	H	M	E	L	L	Y	F	R	G	E	L	L	E	H	P
H	C	C	D	N	E	A	Z	Y	T	M	J	X	D	N	F
N	R	X	X	Q	I	O	B	W	Z	H	N	L	D	A	L
C	A	R	V	G	R	S	U	A	E	H	E	D	F	D	O
T	F	P	Q	R	O	M	Y	S	G	O	L	A	A	F	D
E	H	K	T	G	T	T	H	E	Y	C	O	O	T	M	A
F	C	W	Z	B	S	Y	P	A	B	U	G	O	C	R	U
U	R	Y	I	J	B	X	I	M	F	E	R	B	J	C	B
B	A	F	L	L	Y	R	E	F	F	C	A	W	X	R	S

MAES AWYR
BANC
LLYFRGELL
BECWS
SINEMA
CLINIG
YSGOL
SIOP FLODAU
ORIEL
GWESTY
SIOP LYFRAU
FARCHNAD
AMGUEDDFA
FFERYLLFA
BWYTY
STADIWM
ARCHFARCHNAD
THEATR
PRIFYSGOL
SW

27 - Ingénierie

S	K	G	B	J	J	D	C	P	R	V	K	U	D	G	D
H	E	J	T	D	K	S	R	T	P	H	Y	G	Q	U	I
B	Z	F	I	L	Y	H	Y	N	J	Z	H	M	X	H	A
T	V	W	Y	M	J	K	F	A	W	Q	P	B	Q	T	G
C	H	Q	E	D	S	L	D	I	D	Y	N	N	I	R	R
M	E	S	U	R	L	L	E	H	C	E	I	X	N	A	A
I	Q	F	C	L	G	O	R	T	G	R	I	Z	T	B	M
Z	Y	R	R	Q	N	W	G	I	C	U	W	L	L	S	S
Z	O	E	V	D	O	D	A	R	W	H	O	E	A	O	Z
M	O	D	U	R	E	L	Z	F	W	T	Q	S	V	D	O
U	C	N	Q	Y	J	M	P	F	S	Y	Y	E	U	E	U
C	Y	F	R	I	F	I	A	D	J	W	D	I	J	J	K
R	V	Y	B	G	T	D	B	I	L	R	B	D	I	C	S
W	I	D	C	Y	N	N	I	G	D	T	U	W	C	H	V
C	Y	L	C	H	D	R	O	M	S	S	Z	V	N	U	D
W	P	E	I	R	I	A	N	T	Z	S	U	E	L	S	H

ONGL
ECHEL
CYFRIFIAD
ADEILADU
DIAGRAM
DIAMEDR
DIESEL
DOSBARTHU
YNNI
CRYFDER
FFRITHIANT
HYLIF
PEIRIANT
MESUR
MODUR
CYNNIG
DYFNDER
CYLCHDRO
SEFYDLOGRWYDD
STRWYTHUR

28 - Énergie

Z	B	K	P	X	C	M	O	U	E	L	V	U	M	B	T
A	T	U	E	G	A	V	L	E	S	E	I	D	U	B	A
L	M	I	I	U	R	E	O	O	L	H	A	U	L	A	N
L	B	G	I	E	B	P	L	S	U	E	F	N	T	T	W
Y	B	K	Y	N	O	P	X	T	M	R	C	O	U	R	Y
G	D	N	G	L	N	I	B	R	Y	T	V	T	I	I	D
R	X	I	H	R	C	E	N	T	R	O	P	I	R	V	D
E	D	W	A	Y	Q	H	T	Q	W	T	B	M	M	O	S
D	G	C	U	G	D	V	E	N	I	L	O	S	A	G	N
D	I	L	G	K	H	R	U	D	O	M	S	R	B	Z	O
U	D	E	Y	W	D	B	O	T	D	Z	J	T	Y	R	T
R	X	A	G	Z	Q	C	Z	G	D	O	I	A	E	U	O
S	K	R	Z	R	U	J	O	F	E	R	H	X	S	V	F
D	I	W	Y	D	I	A	N	T	X	N	G	D	F	C	F
A	D	N	E	W	Y	D	D	A	D	W	Y	K	T	B	O
G	W	Y	N	T	G	W	R	E	S	T	R	Y	D	A	N

BATRI
CARBON
TANWYDD
GWRES
DIESEL
ENTROPI
AMGYLCHEDD
GASOLINE
TRYDAN
ELECTRON
HYDROGEN
DIWYDIANT
MODUR
NIWCLEAR
FFOTON
LLYGREDD
ADNEWYDDADWY
HAUL
TYRBIN
GWYNT

29 - Cuisine

C	H	Q	C	H	X	U	H	W	I	J	L	R	C	R	G
C	W	D	C	O	S	X	G	J	V	B	L	Y	Y	O	R
R	H	P	C	R	Y	T	P	O	P	W	E	S	L	K	I
Y	F	O	A	A	O	Y	N	E	M	Y	T	Á	L	M	L
F	O	F	P	N	D	S	Q	R	S	D	W	I	Y	V	L
F	Z	P	P	S	A	T	S	G	W	J	A	T	L	N	E
H	B	L	R	P	T	U	O	E	X	W	D	Q	L	M	G
W	R	J	J	Z	V	I	T	L	W	O	B	H	F	U	E
S	B	E	I	S	Y	S	C	L	F	N	H	P	F	V	T
R	H	E	W	G	E	L	L	K	E	K	G	K	E	W	T
J	A	M	I	O	N	N	Q	X	S	Y	O	V	D	P	L
A	J	G	A	W	U	A	Y	W	L	L	K	L	O	W	N
R	V	F	C	F	X	P	V	G	W	L	T	X	G	O	O
Z	V	U	R	F	I	C	A	A	I	T	Q	M	N	X	D
T	R	P	B	W	G	Y	F	Q	E	N	B	V	D	O	D
N	B	S	A	X	D	N	B	L	D	B	P	Z	N	T	I

CHOPSTICKS
BOWL
TEGELL
RHEWGELL
CYLLYLL
JWG
LLWYAU
SBEISYS
NODDI
POPTY
FFYRC
GRIL
LLETWAD
BWYD
JAR
RYSÁIT
OERGELL
NAPCYN
FFEDOG
CWPANAU

30 - Corps Humain

Ê	P	X	X	S	K	M	X	D	R	G	P	F	U	G	Y
N	L	V	Y	T	T	F	D	B	L	A	A	C	D	W	M
F	F	Ê	R	D	B	P	L	C	L	L	L	L	F	A	E
T	Q	K	Y	A	Y	G	E	G	A	O	T	U	E	E	N
W	N	Z	R	H	S	D	P	N	W	N	F	S	J	D	N
P	Q	Y	W	U	A	S	U	F	E	W	G	T	Q	H	Y
B	E	X	G	B	L	G	W	G	Y	L	M	S	J	L	D
Z	N	N	M	Y	O	T	A	F	O	D	I	D	D	Y	D
D	Z	Y	G	Q	B	E	N	Y	W	D	H	N	K	D	V
G	P	W	Y	L	C	R	O	E	N	Y	M	W	L	O	S
L	Z	R	K	N	I	A	F	D	D	W	G	E	E	N	I
U	Y	T	Q	Y	W	N	G	M	L	G	E	N	L	A	Z
P	N	I	Y	G	W	D	G	V	R	S	L	B	F	H	F
F	E	O	W	R	A	R	N	N	C	Y	M	U	Z	P	K
W	V	N	Q	H	E	C	D	B	H	H	W	Q	N	T	R
Z	G	X	K	L	Z	Q	G	S	T	V	D	V	N	J	L

GEG
YMENNYDD
FFÊR
GWDDF
PENELIN
GALON
BYS
BOLA
YSGWYDD
PEN-GLIN
TAFOD
GWEFUSAU
LLAW
ÊN
TRWYN
CLUST
CROEN
GWAED
PEN
WYNEB

31 - Biologie

K	F	H	N	E	G	A	L	O	C	M	N	O	N	M	S
A	C	M	E	C	E	L	L	Z	P	A	S	J	B	M	Y
G	L	O	R	K	M	Y	S	N	E	M	V	U	R	R	M
B	D	X	F	H	O	R	M	O	N	A	G	O	M	E	B
Y	A	V	Y	J	T	C	E	X	A	L	X	S	J	S	I
M	I	C	D	Z	A	E	M	B	R	Y	O	U	Y	B	O
L	G	H	T	N	N	I	E	T	O	R	P	C	F	I	S
U	Y	T	I	E	A	D	A	L	G	I	E	R	T	R	I
S	L	H	E	G	R	N	V	O	A	T	X	O	Y	A	S
G	B	R	R	S	N	I	A	G	E	M	X	M	U	D	G
I	S	K	K	E	E	S	A	T	N	O	M	O	W	A	C
A	E	N	I	W	R	O	N	B	U	Z	B	S	N	E	K
I	C	O	S	M	O	S	I	S	L	R	V	O	L	T	H
D	S	Y	N	A	P	S	E	H	J	G	I	M	K	H	F
E	M	P	Z	M	K	Y	W	M	R	A	E	O	G	O	S
G	B	I	S	O	D	M	P	B	M	O	F	Y	L	Y	X

ANATOMEG
BACTERIA
CELL
CROMOSOM
COLAGEN
EMBRYO
ENSYM
ESBLYGIAD
HORMON
MAMAL
TREIGLAD
NATURIOL
NERF
NIWRON
OSMOSIS
PROTEIN
YMLUSGIAID
RESBIRADAETH
SYMBIOSIS
SYNAPSE

32 - Épices

E	P	Y	K	C	L	G	I	N	E	F	F	P	J	E	C
B	M	I	F	D	I	R	Y	C	I	Y	U	O	Q	D	W
B	L	B	D	N	C	G	A	R	L	L	E	G	W	C	M
Z	Y	A	O	Y	O	U	N	I	O	N	C	E	N	M	I
Q	J	X	S	J	R	M	C	A	R	D	A	M	O	M	N
O	M	P	X	O	I	Z	A	K	I	R	P	A	P	Q	E
A	Y	Y	L	B	C	H	Y	N	F	A	N	I	L	A	E
S	B	C	O	R	E	D	N	A	I	R	O	C	P	W	W
H	A	C	L	X	R	L	G	J	U	S	B	Y	U	D	S
C	Z	F	T	W	M	E	X	F	V	H	A	M	P	G	I
A	A	O	F	W	R	O	M	B	D	A	A	B	U	K	N
N	L	G	A	R	V	S	C	B	T	L	N	O	R	G	S
I	I	A	R	E	W	A	W	H	G	E	M	T	Y	N	I
S	S	K	M	W	E	M	V	Z	L	N	U	N	T	S	R
E	Y	X	L	H	T	F	N	S	U	R	C	I	Q	M	P
D	Q	Q	U	C	K	V	E	L	V	L	C	F	Z	S	A

SUR
GARLLEG
CHWERW
ANISE
SINAMON
CARDAMOM
CORIANDER
CWMIN
CYRI
FFENIGL
SINSIR
NYTMEG
UNION
PAPRIKA
PUPUR
LICORICE
SAFFRWM
BLAS
HALEN
FANILA

33 - Agronomie

A	D	N	A	B	O	D	P	K	X	E	I	F	A	T	U
A	M	Y	O	G	W	D	D	E	H	C	L	Y	G	M	A
P	R	K	W	F	W	L	P	V	T	O	T	L	M	I	M
X	Q	K	X	B	C	L	V	G	E	L	I	W	K	M	E
J	O	V	E	P	W	D	Ŵ	R	A	E	F	K	U	K	T
G	F	M	O	C	D	D	M	A	I	G	N	R	D	P	S
D	G	W	R	T	A	I	T	H	D	Q	Y	S	B	E	Y
P	V	Z	O	Y	D	R	N	S	U	H	C	C	N	A	S
I	J	N	M	Z	B	P	D	D	T	A	Q	L	Z	N	C
L	L	Y	S	I	A	U	J	Y	S	D	U	E	T	H	S
T	O	I	M	R	E	F	F	P	A	A	S	F	R	C	T
N	Z	N	S	I	T	G	I	X	J	U	V	Y	M	Y	P
F	H	N	C	Y	N	H	Y	R	C	H	U	D	S	G	W
G	W	Y	D	D	O	N	I	A	E	T	H	A	G	V	I
W	M	T	L	L	Y	G	R	E	D	D	G	U	A	X	I
G	W	L	E	D	I	G	L	G	Y	M	C	H	W	I	L

FFERMIO
TWF
DŴR
GWRTAITH
AMGYLCHEDD
ECOLEG
YNNI
ASTUDIAETH
HADAU
ADNABOD
LLYSIAU
CLEFYDAU
BWYD
LLYGREDD
CYNHYRCHU
YMCHWIL
GWLEDIG
GWYDDONIAETH
PRIDD
SYSTEMAU

34 - Science

Z	O	D	L	U	A	N	Y	W	M	Q	D	I	H	F	D
O	M	I	N	A	B	F	P	G	C	G	A	F	X	F	D
I	O	S	A	L	B	M	F	S	S	H	T	N	X	A	A
Y	O	G	T	W	B	O	F	O	J	H	A	V	X	I	M
R	B	Y	U	I	H	T	R	K	S	W	K	A	E	T	C
J	X	R	R	C	Y	A	S	D	G	I	V	X	F	H	A
R	K	C	G	E	L	W	Z	C	Y	V	L	O	V	H	N
M	C	H	R	L	P	L	A	N	H	I	G	I	O	N	I
H	E	I	O	O	V	W	O	R	G	A	N	E	B	F	A
I	M	A	N	M	D	C	F	J	Y	R	D	A	A	I	E
N	E	N	Y	M	F	F	I	S	E	G	U	Z	R	J	T
S	G	T	N	F	L	M	X	R	X	L	L	K	B	T	H
A	O	R	N	G	B	J	J	X	B	F	L	K	R	K	S
W	L	R	A	E	S	B	L	Y	G	I	A	D	A	W	D
D	C	J	U	Q	E	F	M	D	I	D	C	T	W	S	G
D	D	Y	N	O	D	D	Y	W	G	L	K	P	F	S	W

ATOM
CEMEGOL
HINSAWDD
DATA
ARBRAWF
ESBLYGIAD
FFAITH
FFOSIL
DISGYRCHIANT
DDAMCANIAETH
LABORDY
DULL
MWYNAU
MOLECIWLAU
NATUR
ORGANEB
GRONYNNAU
FFISEG
PLANHIGION
GWYDDONYDD

35 - Vêtements

S	H	O	K	F	O	G	F	M	O	Q	O	F	D	B	K
F	W	S	P	F	M	G	O	M	I	Z	P	F	X	R	M
P	A	N	T	S	Q	A	D	I	G	S	E	A	C	E	J
Y	X	M	W	O	R	M	Z	M	S	Y	I	S	H	I	J
P	Y	J	A	M	A	S	J	L	I	R	M	I	W	C	E
K	R	A	T	D	Q	J	N	V	W	C	L	W	Y	H	L
P	P	B	L	O	W	S	F	Î	G	Z	Ô	N	S	L	X
X	C	B	A	B	Q	Y	Y	K	J	Q	X	T	W	E	K
Q	X	Q	W	A	Y	G	I	S	Q	W	N	E	R	D	K
X	M	R	N	N	C	E	G	Y	G	S	F	H	W	E	D
V	P	U	E	D	O	R	G	O	D	E	F	F	N	C	I
N	N	E	A	A	E	W	I	C	S	S	R	Z	E	A	J
W	D	J	O	Z	W	G	N	V	R	H	A	T	I	I	Q
Q	V	C	P	C	J	W	E	A	O	Y	G	B	V	S	T
Y	M	N	B	W	J	A	M	M	J	C	S	D	B	Y	D
S	A	N	D	A	L	A	U	Q	M	E	S	Y	G	X	K

BREICHLED
GWREGYS
HET
ESGID
CRYS
BLOWS
ADNABOD
SGARFF
MENIG
JÎNS
SGERT
CÔT
FFASIWN
PANTS
CHWYSWR
PYJAMAS
GWISG
SANDALAU
FFEDOG
SIACED

36 - Méditation

F	M	A	V	C	Q	U	G	U	T	U	B	D	G	A	X
P	E	R	T	K	F	Q	N	I	R	A	V	E	U	P	J
A	D	F	E	G	L	U	R	D	E	R	U	R	D	T	Z
N	D	E	I	Y	B	Q	E	T	M	N	T	B	D	J	I
A	Y	R	E	M	O	S	I	Y	N	A	U	Y	Y	F	J
D	L	I	S	L	E	W	D	S	L	X	T	N	W	X	S
L	I	O	S	H	T	E	A	I	R	O	D	D	R	E	C
U	O	N	G	A	U	J	W	C	D	R	V	A	G	J	W
O	L	L	L	S	F	H	E	C	S	F	R	I	I	L	B
M	N	A	S	K	O	B	L	M	F	F	S	D	D	K	T
M	M	M	O	F	H	C	W	D	D	E	H	U	E	N	O
I	E	S	Q	D	G	I	L	Y	K	U	X	M	R	A	S
M	P	D	I	A	P	I	Y	P	N	K	E	Y	A	T	T
X	U	U	D	Z	T	Z	S	L	C	T	E	S	C	U	U
D	I	H	C	W	R	A	G	H	C	L	O	I	D	R	R
L	L	Y	Y	I	L	R	E	L	T	D	I	F	T	O	I

DERBYN
SYLW
DAWEL
EGLURDER
TOSTURI
MEDDWL
EMOSIYNAU
EFFRO
CAREDIGRWYDD
DIOLCHGARWCH
ARFERION
MEDDYLIOL
SYMUDIAD
CERDDORIAETH
NATUR
HEDDWCH
SAFBWYNT
OSGO
ANADLU

37 - Littérature

E	D	S	R	O	D	A	I	F	F	A	R	G	W	Y	B
B	A	R	D	D	O	N	O	L	F	G	X	N	E	X	J
U	I	V	A	A	K	C	P	L	R	U	R	Z	T	N	A
I	F	E	I	D	A	O	R	U	L	H	G	T	A	Y	W
C	I	D	D	R	E	C	D	D	N	R	Y	L	M	J	D
Y	R	E	D	O	I	H	E	D	Q	B	J	T	E	T	U
F	G	C	O	D	Q	T	X	R	I	G	Q	K	H	N	R
A	S	Z	S	D	E	E	D	A	I	S	O	R	T	M	V
T	I	V	N	W	C	A	S	G	L	I	A	D	N	T	A
E	D	B	A	R	U	I	Y	K	D	E	O	G	A	X	L
B	R	L	D	M	G	R	O	M	E	X	F	B	P	Z	Y
I	Q	O	A	K	R	A	D	Z	W	A	K	O	L	M	E
A	L	D	D	G	I	H	L	O	H	D	F	P	N	Z	W
E	K	Z	O	S	F	M	P	C	C	Q	D	E	D	R	G
T	H	Y	F	K	D	Y	D	E	I	A	L	O	G	L	N
H	Q	U	P	B	V	C	D	R	Y	C	H	I	N	E	B

CYFATEBIAETH
DADANSODDIAD
CHWEDL
AWDUR
BYWGRAFFIAD
CYMHARIAETH
CASGLIAD
DISGRIFIAD
DEIALOG
FFUGLEN
TROSIAD
ADRODDWR
CERDD
BARDDONOL
ODL
NOFEL
RHYTHM
ARDDULL
THEMA
DRYCHINEB

38 - Nourriture #1

M	D	H	O	S	C	H	N	A	A	L	A	A	G	T	H
K	A	G	A	Y	J	F	P	S	K	H	T	J	E	S	P
S	L	I	Q	L	W	A	C	K	D	D	U	S	L	I	B
I	A	F	P	G	E	X	J	D	I	S	N	C	L	A	N
N	S	F	F	O	K	N	O	R	O	M	I	I	Y	B	A
A	G	O	S	G	M	E	F	U	S	V	O	G	G	W	R
M	T	C	R	I	H	A	I	D	D	O	N	L	A	Z	R
O	V	I	V	B	G	A	R	L	L	E	G	L	L	S	H
N	H	W	W	S	D	D	Q	Y	I	Q	E	A	E	M	U
D	J	G	K	N	N	Y	S	P	S	Z	I	E	M	K	K
T	K	W	Y	E	A	U	H	C	A	X	Z	T	O	V	J
T	H	R	H	E	D	L	Z	S	B	K	S	H	N	P	S
A	X	N	F	J	A	G	A	I	S	D	K	C	A	S	R
H	K	G	Q	Y	Z	E	P	W	Y	E	T	N	U	O	J
G	X	I	P	I	R	Z	O	G	U	U	J	P	F	X	S
Q	Z	P	W	A	W	X	U	R	D	L	I	E	A	L	B

GARLLEG
BASIL
COFFI
SINAMON
MORON
LEMON
SBIGOGLYS
MEFUS
SUDD
LLAETH

MAIP
UNION
HAIDD
GELLYG
SALAD
HALEN
CAWL
SIWGR
TIWNA
CIG

39 - Jours et Mois

D	C	B	I	D	E	M	O	W	T	P	G	C	C	A	U
Y	D	H	A	O	D	G	A	K	A	F	C	T	S	U	X
D	Y	T	W	N	N	W	P	G	C	E	B	R	I	L	L
D	D	R	D	E	B	A	S	E	H	R	U	K	M	I	U
S	D	W	U	Y	F	E	W	Y	W	D	A	D	C	R	P
A	I	A	D	G	D	R	Y	R	E	Y	W	Y	A	D	V
D	A	M	Y	Y	J	D	O	S	D	H	S	D	L	V	D
W	U	B	D	Y	K	A	M	R	D	Q	T	D	E	M	I
R	P	T	D	O	C	J	P	A	J	P	U	L	N	L	U
N	D	N	M	V	D	I	J	B	W	M	X	L	D	E	K
I	N	Y	E	P	Y	O	B	P	V	R	Z	U	R	A	D
F	E	U	R	L	D	J	Z	B	Q	X	T	N	D	C	U
E	S	V	C	R	D	G	S	S	N	M	E	H	B	Z	L
H	R	W	H	Q	S	O	N	H	T	Y	W	Z	X	T	G
E	Z	Q	E	D	U	G	O	R	F	F	E	N	N	A	F
M	E	M	R	B	L	D	Y	D	D	G	W	E	N	E	R

AWST
EBRILL
CALENDR
DYDD SUL
CHWEFROR
IONAWR
DYDD IAU
GORFFENNAF
MEHEFIN
DYDD LLUN
DYDD MAWRTH
MAWRTH
DYDD MERCHER
MIS
TACHWEDD
HYDREF
DYDD SADWRN
WYTHNOS
MEDI
DYDD GWENER

40 - Jardinage

C	O	M	P	O	S	T	C	Z	B	U	S	P	B	B	B
Z	Y	C	S	W	L	E	D	J	I	P	C	I	O	E	G
B	L	O	D	A	U	N	Z	W	S	K	V	B	T	R	T
P	D	G	G	I	Y	J	X	C	V	F	I	E	A	L	F
F	K	P	L	E	R	Q	A	F	Z	K	K	L	N	L	L
N	R	D	D	Y	S	Y	W	H	N	Y	C	L	E	A	O
Z	G	L	Ŵ	E	G	S	O	T	I	G	U	J	G	N	R
D	A	I	L	R	E	D	H	T	I	E	L	L	O	U	O
R	H	Y	W	O	G	A	E	T	H	A	U	T	L	G	H
N	Y	L	A	H	N	M	A	X	Z	F	U	F	Z	L	M
P	Q	H	B	N	R	U	H	B	W	Y	T	A	D	W	Y
J	R	T	S	I	T	M	E	Z	X	W	Y	O	D	M	T
S	F	I	H	D	V	K	W	N	A	G	P	V	R	A	R
O	K	T	D	D	W	A	S	N	I	H	Q	Q	D	D	H
Y	A	K	A	D	A	R	U	P	F	U	Y	B	M	J	G
B	L	O	D	Y	N	F	T	J	U	J	N	Y	Z	Z	J

BOTANEGOL
TUSW
HINSAWDD
BWYTADWY
COMPOST
DŴR
RHYWOGAETHAU
EGSOTIG
DAIL
BLODYN
BLODAU
HADAU
LLEITHDER
CYNHWYSYDD
TYMHOROL
BAW
PRIDD
PIBELL
BERLLAN

41 - Entreprise

N	D	B	T	S	Q	C	E	S	V	T	C	O	V	L	D
W	I	U	G	Y	K	W	N	C	W	U	Q	C	T	H	K
Y	S	D	Y	C	K	M	N	J	O	Y	U	I	G	U	X
D	G	D	R	N	N	N	D	L	L	N	D	L	L	J	A
D	O	S	F	L	E	I	X	H	T	L	O	D	S	X	R
A	W	O	A	Q	C	I	R	T	V	C	F	M	F	I	I
U	N	D	Y	Q	F	W	W	T	O	F	A	W	E	A	A
H	T	D	C	H	K	I	G	K	A	K	R	C	S	G	N
T	X	I	G	Z	L	P	O	I	S	F	T	N	B	O	T
R	T	A	J	W	E	S	L	O	R	Y	F	I	E	L	R
E	W	D	Q	N	J	L	F	C	Y	L	L	I	D	F	K
W	I	A	M	K	S	B	Y	J	L	A	H	C	I	Y	O
G	D	D	W	M	X	X	C	W	V	G	E	O	L	C	L
T	R	E	T	H	I	D	Y	J	Q	R	A	S	L	L	Y
H	A	Y	G	E	L	W	A	U	M	E	W	T	Y	Y	A
L	Q	K	P	D	Z	D	B	H	Z	U	J	L	C	B	O

ARIAN
SIOP
CYLLIDEB
SWYDDFA
GYRFA
COST
CYFLOGWR
CYFLOGAI
CWMNI
ECONOMEG

CYLLID
TRETHI
BUDDSODDIAD
NWYDDAU
ELW
INCWM
DISGOWNT
TRAFOD
FFATRI
GWERTHU

42 - Activités

L	I	Z	L	R	D	U	H	A	M	D	D	E	N	N	R
C	R	E	F	F	T	A	U	X	Q	H	Y	M	R	V	C
X	G	T	W	U	L	B	I	P	F	Y	H	R	W	I	O
W	W	O	Y	L	A	E	G	W	E	R	S	Y	L	L	A
N	E	L	L	R	A	D	C	P	L	E	S	E	R	C	T
I	I	R	G	X	E	R	P	O	S	A	U	Z	E	E	O
Q	T	H	W	I	F	O	I	C	A	L	M	Y	W	R	G
A	H	E	A	M	R	D	I	G	G	E	M	A	U	A	S
U	G	L	U	Q	Q	D	O	C	A	O	F	K	U	M	Y
X	A	A	D	J	P	I	I	P	I	R	I	H	M	E	P
N	R	B	E	X	Z	D	S	R	I	E	D	P	O	G	B
A	E	Z	Q	G	G	W	N	Ï	O	I	H	D	M	T	P
G	D	C	D	K	Y	I	W	F	X	Y	Q	S	I	E	S
X	D	J	R	C	Q	Z	A	L	F	V	L	E	E	O	J
D	Z	Q	X	H	Y	F	D	G	E	B	T	B	S	V	R
I	K	S	D	F	Y	Y	W	M	M	D	F	P	T	W	G

GWEITHGAREDD
CELF
CREFFTAU
GWERSYLLA
CERAMEG
HELA
GWNÏO
DAWNSIO
DIDDORDEBAU
GARDDIO
GEMAU
DARLLEN
HAMDDEN
HUD
PYSGOTA
PLESER
POSAU
HEICIO
YMLACIO
GWAU

43 - Mode

B	Y	W	D	A	I	D	D	R	O	F	F	X	X	U	L
M	O	M	A	K	M	E	S	U	R	I	A	D	A	U	L
O	G	T	A	L	I	C	J	S	G	C	F	O	O	P	E
D	O	S	Y	R	H	A	G	U	W	O	Q	W	L	A	I
E	D	D	G	M	F	L	D	D	E	U	T	X	O	T	A
R	C	A	I	N	A	E	B	D	A	I	O	V	R	R	F
N	T	L	Y	Z	Z	U	R	R	D	D	R	U	D	W	G
S	P	L	U	L	E	Q	R	O	O	N	K	B	E	M	I
E	Q	I	Z	M	Q	I	S	F	L	D	D	N	M	W	M
M	R	D	Q	E	X	T	G	F	M	C	W	F	Y	K	X
G	H	V	L	H	V	U	W	Y	Y	H	A	A	C	Z	S
X	G	J	H	H	K	O	U	C	S	K	U	K	I	Q	J
L	M	W	J	M	N	B	A	R	D	D	U	L	L	T	E
Q	W	V	Z	G	W	R	E	I	D	D	I	O	L	E	H
J	X	C	R	X	D	E	S	E	I	P	A	K	K	U	I
K	P	R	Z	A	R	F	Z	T	W	F	U	T	T	D	K

FFORDDIADWY
BOUTIQUE
BOTYMAU
BRODWAITH
DRUD
CYFFORDDUS
LACE
CAIN
MESURIADAU
LLEIAF
MODERN
CYMEDROL
PATRWM
GWREIDDIOL
YMARFEROL
SYML
ARDDULL
TUEDD
GWEAD
DILLAD

44 - Nourriture #2

D	V	T	E	O	G	W	E	N	I	T	H	C	C	V	A
J	K	G	I	G	M	A	D	A	R	C	H	Y	E	U	D
L	P	R	H	N	G	E	I	R	D	L	J	W	I	Z	U
S	Z	W	J	A	U	P	Z	A	S	I	J	I	R	T	S
K	W	O	V	M	C	A	L	B	K	N	W	Â	I	P	Z
W	A	F	K	A	G	N	L	A	F	A	K	R	O	Z	Y
X	B	B	W	H	B	A	U	M	N	D	O	G	S	Y	P
H	Z	D	R	J	N	N	V	O	O	T	I	W	K	A	M
E	N	C	X	K	H	A	N	D	O	N	M	W	F	E	L
B	W	Y	N	Q	D	B	G	R	A	W	N	W	I	N	W
B	F	M	T	D	T	E	S	I	E	R	Z	S	E	C	G
Q	S	X	O	Q	S	J	E	S	I	O	C	L	E	D	K
K	E	A	M	M	L	I	L	O	C	O	R	B	A	B	X
H	A	N	A	B	L	W	E	Z	L	S	E	W	Z	M	P
I	O	V	T	U	G	W	R	Q	P	N	V	P	Y	M	B
J	H	Q	O	H	I	A	I	W	I	C	F	D	K	P	P

ALMON
EGGPLANT
BANANA
GWENITH
BROCOLI
CEIRIOS
SELERI
MADARCH
SIOCLED
HAM

CIWI
MANGO
WY
BARA
PYSGOD
AFAL
CYW IÂR
GRAWNWIN
REIS
TOMATO

45 - Algèbre

S	W	M	O	X	T	J	D	R	B	P	Y	U	G	L	I
E	O	D	Q	S	V	Z	I	O	B	R	P	Q	H	J	R
W	Z	O	L	L	R	F	A	T	N	M	O	S	M	Z	E
A	N	S	O	E	M	Q	G	C	Q	J	I	B	H	F	W
B	S	A	R	S	V	K	R	A	R	H	I	F	L	O	J
T	K	C	D	Q	F	E	A	F	T	Y	N	N	U	E	Z
N	E	W	I	D	Y	N	M	F	F	W	Z	D	C	X	M
I	U	P	E	R	I	S	P	F	I	U	S	U	N	H	F
A	H	G	F	Y	T	V	I	R	K	Y	G	U	P	A	F
M	G	T	N	N	N	A	P	A	G	R	A	F	F	F	O
N	W	D	A	P	F	Y	M	C	W	U	L	D	E	A	R
L	L	I	N	O	L	M	C	S	A	T	E	B	Y	L	M
S	P	W	I	O	I	D	D	I	E	L	M	Y	S	I	I
E	G	Y	H	L	J	L	Q	W	Y	A	F	L	H	A	W
R	D	D	T	V	G	M	R	N	S	L	Q	T	F	D	L
O	N	F	E	P	A	R	E	N	T	H	E	S	I	S	A

DIAGRAM
HAFALIAD
FFACTOR
FFUG
FFORMIWLA
FFRACSIWN
GRAFF
ANFEIDROL
LLINOL
MATRICS
RHIF
PARENTHESIS
BROBLEM
MAINT
SYMLEIDDIO
ATEB
SWM
TYNNU
NEWIDYN
SERO

46 - Océan

M	L	N	J	D	R	A	F	D	O	G	S	Y	P	K	T
K	B	U	A	B	X	N	F	G	O	C	W	S	K	N	O
Q	L	L	Y	S	Y	W	O	D	L	L	T	V	V	U	N
O	I	E	V	Y	K	I	Z	Z	L	Q	F	O	J	L	N
O	F	R	M	R	O	T	S	K	A	E	W	F	P	Z	A
H	R	W	B	T	E	X	Y	B	N	R	P	V	I	W	U
W	O	C	A	S	H	A	D	O	W	H	E	Z	D	N	S
D	M	D	F	Y	C	G	R	H	D	L	N	J	D	A	E
K	I	F	J	W	B	N	E	L	A	H	M	W	O	B	K
N	B	Q	G	P	R	N	B	N	P	O	P	R	N	W	F
S	Q	M	S	M	M	U	J	V	H	C	W	C	O	R	Y
O	I	H	K	T	K	X	C	S	C	R	P	U	M	C	D
C	T	A	F	D	X	T	Y	U	U	A	B	J	Y	N	M
W	N	H	R	S	H	J	I	K	H	N	W	F	W	T	M
L	Q	T	S	C	H	V	O	A	D	C	D	Q	G	T	P
Y	M	Y	Q	S	G	L	E	F	R	O	D	M	Ô	R	J

GWYMON
LLYSYWOD
MORFIL
CWCH
CWREL
CRANC
BERDYS
DOLFFIN
NODDI
WYSTRYS
LLANW
SGLEFROD MÔR
PYSGOD
OCTOPWS
SIARC
HALEN
STORM
TIWNA
CRWBAN
TONNAU

47 - Remplir

A	T	K	L	Y	C	Y	A	O	E	K	S	C	T	I	I
C	M	K	K	H	Q	N	G	A	X	C	Ê	S	W	W	V
Q	I	L	B	L	T	O	R	Q	D	R	M	W	B	S	N
X	H	E	E	G	F	T	E	H	T	C	J	C	Q	Q	L
I	L	T	S	N	Y	R	I	Z	U	D	X	L	U	D	B
N	X	O	A	M	Q	A	E	W	G	T	N	W	I	A	A
G	G	P	V	B	L	C	T	N	B	K	M	J	O	Z	S
B	L	W	C	H	F	F	O	L	D	E	R	D	N	P	G
T	S	J	S	J	B	G	M	T	H	K	A	D	S	B	E
U	L	E	L	C	P	A	B	X	P	O	J	R	Ô	R	D
T	E	Y	N	A	O	S	C	L	P	Z	Z	W	P	O	O
T	Q	U	P	W	C	G	E	X	B	P	D	B	U	B	E
B	A	S	N	E	E	E	Q	T	Y	A	P	M	F	W	H
B	W	I	X	L	D	N	H	V	F	E	G	A	V	C	R
K	C	G	U	L	P	E	C	Y	N	H	M	H	T	E	O
U	Q	X	S	D	Z	I	Y	E	E	R	H	H	Q	D	K

TWB
GASGEN
BASN
BLWCH
POTEL
CAWELL
CARTON
FFOLDER
AMLEN
BASGED
PECYN
HAMBWRDD
POCED
JAR
BAG
BWCED
DRÔR
TIWB
CÊS
VASE

48 - Antiquités

A	Z	A	F	Y	G	V	B	L	L	U	D	D	R	A	L
H	R	V	Y	N	T	W	E	O	H	I	H	H	E	P	Q
A	J	W	E	T	N	A	I	R	A	U	A	N	R	A	D
M	K	H	E	H	E	M	Y	E	W	V	Z	I	A	P	H
A	H	Y	N	R	H	B	Y	F	S	B	Z	A	D	A	B
M	K	N	D	U	T	B	O	R	I	E	L	C	D	E	U
U	L	U	B	D	I	H	T	A	T	V	N	D	U	N	D
C	E	L	F	X	A	L	I	N	J	A	P	V	R	T	D
L	G	F	F	T	W	A	E	A	K	Z	R	Z	N	I	S
X	F	R	S	D	M	L	D	M	N	V	I	U	O	A	O
D	R	E	H	A	E	L	N	F	E	T	S	O	L	D	D
B	I	C	X	Q	G	A	N	I	E	J	U	H	K	A	D
I	Y	L	D	J	Z	P	H	R	B	R	X	O	N	U	I
T	V	X	Y	B	C	O	P	N	F	E	R	D	O	D	A
M	H	O	Q	S	S	D	D	A	G	W	E	R	T	H	D
A	N	S	A	W	D	D	X	C	D	D	U	D	W	H	S

CELF
DILYS
GEMWAITH
ADDURNOL
ARWERTHIANT
CAIN
ORIEL
ANARFEROL
BUDDSODDIAD
DODREFN
PAENTIADAU
DARNAU ARIAN
PRIS
ANSAWDD
ADFER
CERFLUN
CANRIF
ARDDULL
GWERTH
HEN

49 - Boxe

Z	B	K	X	C	U	S	G	T	Q	S	Z	C	M	P	R
G	I	N	E	M	M	E	U	L	Y	S	J	O	K	W	H
C	W	L	J	G	N	B	A	C	O	R	N	E	L	Y	A
S	A	R	E	F	D	A	D	D	A	L	M	Y	D	N	F
V	G	N	T	R	I	Q	A	O	Y	Z	K	Y	U	T	F
U	S	Ê	O	H	K	C	I	I	D	Z	U	A	V	I	A
H	K	L	C	L	W	A	F	F	R	O	C	T	W	A	U
D	Z	X	K	R	W	Y	A	X	V	P	S	H	B	U	E
X	O	K	I	I	Y	R	N	R	W	D	O	U	P	V	Q
F	F	O	C	W	S	F	A	E	D	D	G	V	E	Z	Q
O	P	I	I	I	S	Q	D	I	B	M	N	K	N	J	N
U	E	C	V	G	F	B	N	E	O	Y	A	O	E	P	C
G	M	I	A	B	E	X	N	J	R	L	D	N	L	Z	L
X	W	C	S	T	I	I	O	X	D	F	D	D	I	Y	O
N	A	Z	W	A	W	I	F	Y	W	Y	R	O	N	O	C
D	A	B	I	L	Y	G	M	T	A	C	A	H	V	Q	H

GWRTHWYNEBYDD
CANOLWR
ANAFIADAU
CLOCH
CORNEL
YMLADD
FFOCWS
RHAFFAU
CORFF
PENELIN
CICIO
ARDDANGOS
CRYFDER
MENIG
ÊN
DWRN
PWYNTIAU
CYFLYM
ADFER

50 - Réchauffement Climatique

E	G	W	Y	D	D	O	N	Y	D	D	H	G	N	R	H
L	I	D	L	D	D	V	I	U	P	D	I	W	Y	G	Z
L	T	U	G	Y	L	B	T	A	D	E	N	T	U	P	Q
Y	C	A	D	P	S	N	W	Y	W	O	S	E	A	T	C
W	R	H	Y	A	Q	Z	G	F	G	N	A	L	H	H	X
O	A	T	I	R	X	J	C	Z	N	I	W	O	T	F	F
D	E	E	H	T	E	A	I	R	W	F	D	D	E	D	E
R	S	A	J	N	J	G	V	E	F	E	D	A	A	D	E
A	R	G	P	A	K	C	S	W	Y	N	Z	L	L	E	C
E	X	O	Q	I	E	F	Y	V	G	Y	F	W	D	R	N
T	S	L	O	D	O	F	Y	D	R	C	J	G	E	E	A
H	Z	B	I	Y	H	W	Y	O	A	Q	H	N	N	H	W
Q	N	O	Z	W	P	R	N	D	A	T	A	Y	E	M	R
F	Y	P	R	I	O	X	N	P	K	D	D	H	C	Y	B
H	K	L	O	D	I	C	I	V	P	I	X	R	M	T	G
A	M	G	Y	L	C	H	E	D	D	O	L	W	X	J	G

ARCTIG
SYLW
HINSAWDD
ARGYFWNG
DATBLYGU
DATA
AMGYLCHEDDOL
YNNI
DYFODOL
NWY
CENEDLAETHAU
LLYWODRAETH
CYNEFINOEDD
DIWYDIANT
RHYNGWLADOL
DEDDFWRIAETH
NAWR
POBLOGAETHAU
GWYDDONYDD
TYMHEREDD

51 - Ballet

H	U	J	J	E	F	H	M	A	Y	S	T	U	M	M	U
C	E	R	D	D	O	R	I	A	E	T	H	Q	J	Y	G
C	Y	F	A	N	S	O	D	D	W	R	A	P	Y	N	Y
I	F	F	A	R	G	O	E	R	O	C	R	R	G	E	N
L	C	C	Y	H	Y	R	A	U	W	Y	T	H	O	G	U
D	J	E	I	I	X	D	H	E	J	M	I	Y	S	I	L
T	W	Z	R	E	F	R	A	M	Y	E	S	T	G	A	L
E	D	Y	O	D	K	O	W	W	F	R	T	H	E	N	E
C	X	J	S	Q	D	U	I	F	U	A	I	M	I	N	I
H	E	Y	Z	E	R	O	R	L	L	D	G	U	D	O	D
N	J	L	L	U	D	D	R	A	E	W	U	Q	D	L	F
E	F	W	F	Y	J	D	V	F	M	Y	N	V	I	V	A
G	Q	K	D	K	H	M	H	W	A	A	A	X	G	U	K
Z	D	M	W	Y	S	J	I	S	R	E	W	G	Q	L	C
D	A	W	N	S	W	Y	R	B	B	T	D	B	K	C	V
G	Y	V	X	E	I	U	X	H	W	H	E	E	B	A	Y

CYMERADWYAETH
ARTISTIG
COREOGRAFFI
CYFANSODDWR
DAWNSWYR
MYNEGIANNOL
YSTUM
GOSGEIDDIG
DWYSEDD
GWERSI
CYHYRAU
CERDDORIAETH
CERDDORFA
GYNULLEIDFA
YMARFER
RHYTHM
UNAWD
ARDDULL
TECHNEG

52 - Fruit

U	D	J	E	U	G	J	T	S	R	K	L	H	R	P	L
M	E	L	O	N	U	D	V	Z	P	E	A	C	H	F	E
A	V	A	O	D	A	C	O	F	A	J	V	Y	C	E	M
A	U	P	G	A	V	N	N	D	G	D	K	C	W	A	O
S	P	E	H	Y	A	F	F	I	G	X	N	B	U	D	N
L	P	T	K	M	O	G	N	A	M	E	O	S	O	M	O
P	A	P	A	I	A	E	N	I	W	N	W	A	R	G	R
B	A	N	A	N	A	L	L	Y	C	I	R	B	E	C	E
N	C	O	I	O	F	L	N	R	N	R	X	U	N	E	A
V	O	F	V	R	E	Y	L	C	V	A	U	F	X	I	B
V	N	A	C	C	I	G	G	Y	U	T	M	L	B	R	Q
S	V	M	S	K	F	E	U	Q	W	C	X	U	U	I	A
A	O	W	U	H	G	H	H	A	V	E	C	K	U	O	F
V	F	G	T	F	A	P	E	Y	X	N	I	T	D	S	G
B	F	A	J	Y	X	C	G	T	S	Y	W	Q	Y	Y	T
F	R	A	L	M	X	C	Y	Q	J	F	I	L	A	Q	E

BRICYLL
AFOCADO
AERON
BANANA
CEIRIOS
LEMON
FFIG
MAFON
GUAVA
CIWI
MANGO
MELON
NECTARINE
OREN
PAPAIA
PEACH
GELLYG
AFAL
EIRIN
GRAWNWIN

53 - Musique

F	A	L	B	W	M	H	T	Y	H	R	T	W	G	N	T
W	Q	V	Z	I	Y	V	Y	X	O	F	H	P	P	Y	P
C	O	O	I	N	F	R	S	O	Q	I	O	R	J	P	L
F	W	B	P	J	W	Z	E	O	F	F	E	R	Y	N	S
I	E	W	A	N	Y	A	X	Z	F	K	O	S	D	M	A
H	F	M	O	R	O	D	D	R	E	C	M	N	A	S	L
L	A	R	G	P	D	C	E	R	D	D	O	R	O	L	A
L	R	R	I	I	E	D	E	G	J	Z	P	W	E	O	W
E	N	O	M	D	G	R	O	I	M	N	M	N	F	G	F
I	R	V	H	O	M	C	A	N	N	V	E	A	Y	E	V
S	H	I	T	N	N	L	H	O	O	S	T	C	B	N	I
I	W	C	Y	F	H	I	Y	M	L	L	O	P	A	Y	E
O	K	G	H	O	T	P	R	R	U	I	Z	W	L	L	H
L	I	Q	R	C	G	M	G	A	G	K	O	X	E	E	Y
C	L	A	S	U	R	O	L	H	W	I	N	P	D	T	U
V	U	C	A	N	U	M	E	I	C	R	O	F	F	O	N

ALBWM
BALED
CANU
CANWR
CLASUROL
COFNODI
HARMONI
HARMONIG
OFFERYN
TELYNEGOL

ALAW
MEICROFFON
CERDDOROL
CERDDOR
OPERA
BARDDONOL
RHYTHM
RHYTHMIG
TEMPO
LLEISIOL

54 - Météo

P	F	N	L	E	W	A	T	I	I	Y	H	W	Y	M	P
S	H	H	Y	N	X	X	K	Â	D	C	R	F	S	L	B
T	Z	D	J	F	W	J	B	N	A	F	G	N	E	I	N
O	X	D	Y	Y	V	R	K	P	V	L	W	M	A	X	L
R	Y	W	A	S	V	N	A	X	D	S	D	U	I	K	A
M	A	A	T	Y	M	H	E	R	E	D	D	A	A	D	R
R	W	S	N	P	B	A	T	N	Y	W	G	N	W	I	H
U	Y	N	Y	O	R	P	T	R	W	Z	M	A	G	E	P
O	R	I	W	L	W	I	N	N	O	L	D	R	K	S	L
Q	G	H	R	A	E	D	O	N	Ŵ	F	D	A	T	D	W
B	Y	C	O	R	E	D	H	C	Y	S	A	T	G	B	M
U	L	Y	C	I	N	V	F	Z	B	R	N	N	K	Z	W
Z	C	S	E	A	J	O	B	X	N	O	P	O	N	F	C
S	H	J	M	H	V	E	N	Q	G	R	F	P	M	O	L
C	Q	K	G	I	B	P	G	G	Y	X	V	W	B	Z	L
U	S	O	W	T	O	R	N	A	D	O	D	H	H	A	E

ENFYS
AWYRGYLCH
AWEL
NIWL
DAWEL
AWYR
HINSAWDD
IÂ
MONSŴN
CWMWL
CORWYNT
POLAR
SYCH
SYCHDER
TYMHEREDD
STORM
TARANAU
TORNADO
TROFANNOL
GWYNT

55 - L'Entreprise

P	I	P	R	O	F	F	E	S	I	Y	N	O	L	B	J
C	O	O	R	O	Q	U	W	W	D	D	Y	N	N	Y	C
B	Y	S	E	N	S	U	B	D	A	D	W	N	E	D	E
P	Y	F	I	R	E	F	E	N	I	W	N	R	Z	A	B
E	U	D	L	B	U	F	N	X	U	A	I	G	S	I	R
N	N	A	E	O	I	L	H	O	K	S	T	G	C	D	T
D	E	D	J	A	G	L	D	H	S	N	K	C	R	D	U
E	D	A	E	U	N	A	R	A	A	A	T	Y	E	O	E
R	A	I	H	I	C	G	E	W	E	U	N	A	A	S	D
F	U	N	Z	G	E	R	G	T	Y	A	A	R	D	D	D
Y	C	Y	N	N	Y	R	C	H	H	D	I	L	I	D	I
N	S	W	J	W	N	O	W	E	K	D	D	O	G	U	A
I	O	L	M	H	X	I	O	J	R	O	Y	E	O	B	D
A	K	F	P	L	U	M	P	O	C	N	W	S	L	H	A
D	S	Y	C	S	I	C	H	U	U	D	I	O	T	O	U
V	A	C	F	O	X	Y	A	J	B	A	D	L	W	U	E

BUSNES
CREADIGOL
PENDERFYNIAD
CYFLOGAETH
BYD-EANG
DIWYDIANT
ARLOESOL
BUDDSODDIAD
POSIBILRWYDD
CYFLWYNIAD
CYNNYRCH
PROFFESIYNOL
CYNNYDD
ANSAWDD
ADNODDAU
REFENIW
ENW DA
RISGIAU
TUEDDIADAU
UNEDAU

56 - Gouvernement

D	U	J	D	I	D	D	Y	H	R	V	B	R	G	W	D
I	C	A	R	D	A	L	I	T	L	D	E	N	E	C	E
N	K	Y	C	H	T	E	A	I	R	W	D	A	L	W	M
A	I	Q	F	Y	V	U	Y	A	M	I	L	N	O	W	O
S	C	O	L	I	F	I	S	R	J	X	O	N	H	R	C
Y	E	A	A	H	A	I	C	A	E	U	D	I	T	H	R
D	X	W	S	T	D	W	Q	Q	M	D	D	B	E	A	A
D	S	S	B	I	R	I	N	N	E	U	A	Y	A	W	T
I	R	Y	E	A	Q	A	S	D	U	T	R	N	L	L	I
A	B	G	N	R	R	N	F	M	E	M	D	I	D	I	A
E	Q	N	E	F	K	N	G	O	Q	R	Y	A	E	A	E
T	J	O	H	Y	Q	J	W	R	D	P	C	E	N	U	T
H	G	N	X	C	N	V	X	R	P	A	E	T	E	M	H
R	S	Y	M	B	O	L	P	O	O	X	E	H	C	K	C
H	E	D	D	Y	C	H	L	O	N	L	B	T	K	J	X
C	Y	F	A	N	S	O	D	D	I	A	D	X	H	L	X

DINASYDDIAETH
SIFIL
CYFANSODDIAD
DEMOCRATIAETH
ARAITH
TRAFODAETH
ARDAL
HAWLIAU
CYDRADDOLDEB
WLADWRIAETH
ANNIBYNIAETH
BARNWROL
CYFIAWNDER
RHYDDID
CYFRAITH
HENEB
CENEDL
CENEDLAETHOL
HEDDYCHLON
SYMBOL

57 - Randonnée

W	W	B	E	Q	Z	D	C	H	X	X	K	H	Q	S	J
D	I	A	I	L	I	E	F	I	N	A	V	I	C	O	H
G	X	L	O	B	P	P	M	G	T	H	T	N	A	A	I
I	W	L	N	C	D	P	M	A	B	T	A	S	M	E	S
D	X	Y	O	G	G	D	O	P	F	O	Z	A	T	W	S
E	N	S	L	G	D	D	D	Y	N	Y	M	W	D	G	F
N	A	R	G	L	B	Ŵ	B	Y	Y	E	D	D	Z	U	O
I	T	E	Y	H	T	R	Y	C	W	O	S	D	P	P	C
L	U	W	R	Z	A	R	U	C	G	Y	S	A	J	P	C
F	R	G	E	S	C	U	O	E	O	P	T	I	C	R	W
W	E	D	P	A	M	Y	L	R	L	A	H	R	A	H	L
E	S	G	I	D	I	A	U	R	C	R	M	I	L	B	Y
P	A	R	A	T	O	I	A	I	D	C	N	E	H	W	T
V	A	O	I	E	L	Z	Y	G	R	I	W	F	Y	R	Y
C	A	N	L	L	A	W	I	A	U	A	K	Y	O	M	N
T	R	W	M	R	I	A	I	C	M	U	W	C	L	K	X

ANIFEILIAID
ESGIDIAU
GWERSYLLA
MAP
HINSAWDD
PERYGLON
DŴR
CLOGWYN
FLINEDIG
CANLLAWIAU

TRWM
TYWYDD
MYNYDD
NATUR
CYFEIRIAD
PARCIAU
CERRIG
PARATOI
GWYLLT
HAUL

58 - Art

S	O	S	F	C	U	D	A	E	R	T	R	O	P	G	S
P	W	M	Y	N	E	G	I	A	N	T	D	D	I	W	Y
C	A	R	Y	W	R	J	B	V	G	N	M	T	S	R	M
C	Y	E	E	P	C	N	M	Y	H	L	Z	T	O	E	B
Y	S	F	N	A	G	W	E	L	E	D	O	L	N	I	O
M	Y	O	A	T	L	O	N	O	S	R	E	P	E	D	L
H	M	P	H	N	I	A	U	X	F	J	H	B	S	D	K
L	L	L	I	R	S	A	E	X	V	C	N	R	T	I	O
E	E	O	C	O	V	O	D	T	T	I	Z	F	P	O	L
T	D	Q	K	M	P	X	D	A	H	I	P	R	K	L	V
H	F	H	I	H	S	K	F	D	U	A	I	L	Y	W	H
N	W	B	Z	Q	X	C	T	G	I	M	A	R	E	C	W
H	Y	S	B	R	Y	D	O	L	I	A	Y	P	N	D	C
F	F	I	G	U	R	R	F	N	R	Q	D	I	T	S	J
B	A	R	D	D	O	N	I	A	E	T	H	V	X	E	I
R	M	B	X	A	S	C	E	R	F	L	U	N	Z	O	P

CERAMIG
CYMHLETH
CYFANSODDIAD
CREU
PORTREADU
MYNEGIANT
FFIGUR
ONEST
HWYLIAU
YSBRYDOLI
GWREIDDIOL
PAENTIADAU
PERSONOL
BARDDONIAETH
CERFLUN
SYML
PWNC
SWREALAETH
SYMBOL
GWELEDOL

59 - Nutrition

U	M	N	Q	V	S	S	Y	C	Z	I	D	P	I	U	A
D	C	H	W	E	R	W	G	S	Y	S	I	E	B	S	R
D	E	O	C	M	U	A	N	I	E	T	O	R	P	E	C
W	C	I	E	A	J	S	Y	C	T	B	B	P	C	L	H
A	T	X	E	V	I	A	W	A	D	L	P	W	M	P	W
S	U	C	Q	T	E	N	N	R	G	A	W	F	Y	E	A
N	I	E	C	H	Y	D	E	B	A	S	Y	I	B	S	E
A	B	F	Q	R	W	Q	W	O	L	W	S	T	R	C	T
T	X	B	P	A	D	Y	G	H	O	R	A	A	C	B	H
R	R	H	Z	L	A	E	A	Y	R	L	U	M	P	O	M
E	O	K	Q	C	T	S	A	D	Ï	E	S	I	R	E	P
U	T	R	X	K	Y	A	N	R	A	Y	I	N	B	X	W
L	G	K	T	F	W	T	H	A	U	A	F	I	L	Y	H
I	O	C	I	E	B	N	A	D	Y	L	O	S	Y	L	T
A	G	G	S	G	I	J	E	A	U	K	U	G	U	J	O
D	U	X	Z	D	Q	W	J	U	P	Q	V	N	M	W	L

CHWERW
ARCHWAETH
GALORÏAU
BWYTADWY
DEIET
TREULIAD
SBEISYS
CYTBWYS
EPLESU
CARBOHYDRADAU
HYLIFAU
PWYSAU
PROTEINAU
ANSAWDD
IACH
IECHYD
SAWS
BLAS
GWENWYN
FITAMIN

60 - Créativité

D	D	Y	W	R	S	Y	L	I	D	R	E	J	X	C	H
E	E	R	C	D	N	A	F	F	A	R	G	R	A	G	H
X	M	L	L	E	M	Y	G	I	D	E	N	U	S	R	T
Q	L	O	W	T	E	I	M	L	A	D	A	U	F	E	E
H	Q	N	S	E	O	B	K	J	B	R	E	X	N	D	A
L	W	Z	H	I	D	W	V	G	U	U	T	S	N	D	I
Z	E	K	O	P	Y	D	C	K	D	L	E	X	Y	F	L
E	H	W	O	W	L	N	Y	H	D	G	I	I	R	W	O
A	E	U	D	W	J	N	A	U	S	E	M	X	Y	S	D
A	R	T	I	S	T	I	G	U	O	Y	L	H	X	U	Y
H	Y	L	I	F	E	D	D	V	D	Y	A	P	F	K	R
D	R	A	M	A	T	I	G	M	D	R	D	B	K	O	B
N	K	T	F	G	O	T	N	A	I	G	E	N	Y	M	S
P	W	Q	B	Z	G	U	D	Y	C	H	Y	M	Y	G	Y
S	Y	N	I	A	D	A	U	G	V	W	I	N	C	L	O
B	Y	W	I	O	G	R	W	Y	D	D	G	H	W	E	G

ARTISTIG
DILYSRWYDD
EGLURDER
DRAMATIG
MYNEGIANT
EMOSIYNAU
HYLIFEDD
SYNIADAU
DELWEDD
DYCHYMYG
ARGRAFF
YSBRYDOLIAETH
DWYSEDD
GREDDF
BUDDSODDI
TEIMLAD
TEIMLADAU
DIGYMELL
BYWIOGRWYDD

61 - Science Fiction

F	A	F	V	A	B	O	H	K	B	A	C	N	D	T	R
Z	R	G	R	B	U	D	E	N	A	L	B	B	R	O	I
O	V	Y	G	M	R	V	D	G	E	T	L	Y	N	Z	J
U	D	T	V	H	T	E	A	L	A	G	O	D	Y	B	O
D	D	S	Z	C	L	N	O	V	G	C	A	M	O	C	Z
A	I	L	L	Y	F	R	A	U	Z	K	K	F	I	B	A
R	A	R	O	W	T	S	C	A	I	N	A	P	R	G	N
D	L	G	G	G	E	L	O	N	H	C	E	T	A	Y	Y
Y	O	U	Y	E	E	B	H	M	G	B	P	M	N	Â	T
W	D	T	M	Q	L	O	F	A	H	T	I	E	E	O	D
R	O	O	H	M	A	M	E	F	I	T	M	Q	S	R	W
F	F	P	C	D	X	J	X	G	A	Y	I	H	D	A	H
F	Y	I	Y	J	W	V	N	W	I	B	B	H	Y	C	K
E	D	A	D	I	A	I	T	O	B	O	R	K	R	L	H
R	E	A	L	I	S	T	I	G	C	K	X	H	B	E	W
S	I	N	E	M	A	E	I	H	K	Z	W	U	T	Z	T

ATOMIG
SINEMA
FFRWYDRAD
EITHAFOL
GWYCH
TÂN
DYFODOLAIDD
GALAETH
RHITH
DYCHMYGOL
LLYFRAU
BYD
DIRGEL
ORACLE
BLANED
REALISTIG
ROBOTIAID
SENARIO
TECHNOLEG
UTOPIA

62 - Professions #1

S	R	Y	N	W	G	N	B	J	H	V	D	G	M	U	E
S	E	X	G	R	Q	W	P	T	E	J	A	F	L	S	C
E	G	R	W	I	C	N	A	B	L	Y	W	O	B	R	P
I	W	G	Y	A	L	G	G	C	W	B	N	G	U	R	K
C	Y	O	J	D	R	M	N	O	Y	D	S	B	P	E	D
O	D	L	W	C	D	F	K	I	R	S	I	L	P	H	P
L	D	Y	M	Y	A	W	G	P	F	N	W	Z	V	P	L
E	O	G	N	F	N	A	R	Q	W	U	R	W	D	A	Y
G	N	Y	M	R	N	D	A	E	A	R	E	G	W	R	M
Y	Y	D	E	E	E	D	D	C	A	R	T	H	X	G	W
D	D	D	D	I	G	Y	J	Y	E	S	Z	B	G	O	R
D	D	B	D	T	S	N	O	D	M	R	O	P	X	T	E
W	F	D	Y	H	Y	A	V	B	R	E	D	G	H	R	Z
R	J	S	G	I	L	I	J	R	I	O	G	D	G	A	Q
R	O	Z	F	W	L	P	F	D	U	R	P	X	O	C	Z
U	D	J	L	R	W	D	D	R	O	F	F	Y	H	R	O

LLYSGENNAD
SERYDDWR
CYFREITHIWR
BANCIWR
GEMYDD
CARTOGRAPHER
HELWYR
DAWNSIWR
HYFFORDDWR
GOLYGYDD
DAEAREGWR
NYRS
MEDDYG
CERDDOR
PIANYDD
PLYMWR
SEICOLEGYDD
GWYDDONYDD

63 - Géologie

L	U	A	N	Y	W	M	P	L	M	G	T	Y	L	Y	G
G	A	N	E	A	H	J	A	H	R	O	F	V	K	J	W
E	L	F	L	B	Z	K	K	N	P	D	J	L	J	I	A
R	A	U	A	J	I	T	E	L	N	W	Z	L	L	I	S
R	I	F	H	G	C	A	L	S	I	W	M	O	Y	Y	T
A	S	O	F	C	W	R	E	L	G	F	M	L	G	P	A
C	I	I	F	O	B	R	V	O	S	W	B	L	S	O	D
Y	R	H	E	P	S	C	W	A	R	T	S	O	T	M	F
F	C	R	X	G	I	I	W	T	A	Z	Z	S	A	Z	P
A	C	D	X	X	L	A	L	G	D	D	Z	G	L	T	A
N	S	T	A	L	A	G	M	I	D	A	U	F	A	G	R
D	I	S	A	G	E	Y	S	E	R	W	T	Y	C	X	T
I	T	L	E	F	R	B	D	P	U	B	U	N	T	Y	H
R	F	Z	Y	R	Q	T	T	A	W	D	D	Y	I	U	A
V	T	K	J	X	B	J	Q	Q	D	A	B	D	T	K	R
K	P	I	Y	O	H	T	N	H	E	X	X	D	E	L	S

ASID
CALSIWM
OGOF
CYFANDIR
CWREL
HAEN
CRISIALAU
TAWDD
FFOSIL
GEYSER
LAFA
MWYNAU
CARREG
GWASTAD
CWARTS
HALEN
STALACTITE
STALAGMIDAU
LLOSGFYNYDD
PARTH

64 - Jardin

T	R	G	N	Y	W	H	C	D	P	R	F	L	V	J	G
R	T	L	L	E	W	S	A	L	G	F	D	X	O	H	A
A	N	L	Q	B	A	N	V	M	Q	C	S	M	J	J	R
M	W	E	U	H	H	E	S	D	M	R	H	A	C	A	D
P	A	B	C	S	R	F	Z	U	Q	O	F	W	N	P	D
O	L	I	F	D	V	F	D	F	T	E	C	N	Q	N	D
L	W	P	B	D	U	I	A	M	T	N	E	K	N	Y	E
Î	I	P	P	Y	L	L	W	Y	N	M	Z	A	Z	N	T
N	V	P	Z	W	M	A	U	F	W	H	V	C	J	T	N
Y	Y	R	R	N	L	E	V	I	U	T	P	D	I	L	Y
D	E	O	C	I	L	L	M	T	J	E	R	A	G	L	C
O	L	A	U	W	D	X	A	C	S	R	D	H	C	N	K
L	I	Q	T	G	W	D	I	G	M	A	O	P	J	H	E
B	G	B	Y	S	M	N	N	C	M	S	M	D	X	I	R
C	Y	M	I	U	V	Z	C	N	H	X	D	L	P	A	I
Z	B	L	M	H	T	F	W	W	G	X	U	G	E	S	Q

COED
MAINC
LLWYN
FFENS
PWLL
BLODYN
GAREJ
HAMMOCK
GLASWELLT
GARDD

CHWYN
RHAW
LAWNT
CYNTEDD
RHACA
PRIDD
TERAS
TRAMPOLÎN
PIBELL
WINWYDD

65 - Santé et Bien Être #1

F	F	E	R	Y	L	L	F	A	O	E	N	D	T	A	P
K	O	Z	W	Q	K	Y	R	J	G	D	W	I	H	C	C
R	X	X	G	I	N	I	L	C	J	K	W	P	E	N	O
W	X	I	S	W	C	Y	H	Y	R	A	U	J	R	K	H
L	K	U	H	T	E	A	G	Y	D	D	E	M	A	S	O
N	E	W	Y	N	T	I	Q	U	N	E	P	T	P	N	R
Y	B	P	H	O	W	R	T	D	D	S	S	A	I	Y	M
M	R	Q	L	Y	Y	E	O	H	T	G	A	G	V	M	O
P	E	A	W	S	L	T	W	N	R	Y	G	S	E	L	N
U	D	D	T	C	L	C	C	B	P	E	K	O	B	A	A
E	H	P	D	G	H	A	N	Z	Z	C	D	S	C	C	U
Q	C	V	M	Y	Y	B	O	S	G	O	U	O	N	I	L
H	U	P	N	F	G	R	A	R	F	E	R	Y	L	O	W
B	C	U	W	O	E	P	C	H	A	U	N	C	P	M	P
P	T	G	H	E	Q	O	C	H	N	E	O	R	C	J	W
T	R	I	N	I	A	E	T	H	A	X	C	Z	W	A	G

GWEITHREDOL
BACTERIA
ANAF
CLINIG
NEWYN
TWYLL
ARFER
UCHDER
HORMONAU
MEDDYG
MEDDYGAETH
CYHYRAU
ESGYRN
CROEN
FFERYLLFA
OSGO
YMLACIO
ATGYRCH
THERAPI
TRINIAETH

66 - Barbecues

S	T	P	C	G	D	C	E	C	N	L	N	X	K	I	S
A	O	H	I	M	H	T	Y	W	R	F	F	E	R	C	A
L	M	T	N	A	L	P	A	W	X	E	Q	B	W	I	W
A	A	E	I	X	O	B	Y	U	I	Q	L	D	K	Y	S
D	T	A	O	D	C	A	L	J	H	Â	P	W	T	Y	N
A	O	I	L	J	G	J	R	D	U	G	R	U	P	U	P
U	S	R	C	L	E	C	N	M	S	R	M	H	A	Z	U
B	R	O	W	R	F	C	Y	J	E	I	U	S	T	R	M
B	Z	D	S	R	H	Q	B	N	E	L	A	H	E	H	L
E	G	D	D	G	H	S	O	Z	K	L	I	T	U	A	J
P	V	R	B	N	O	I	H	T	R	Y	S	E	L	F	L
Y	I	E	Y	U	L	F	Y	J	L	L	Y	O	U	C	E
T	U	C	B	P	T	F	E	R	Y	L	L	P	A	C	M
M	B	V	W	E	T	Y	X	L	G	Y	L	T	M	O	R
B	R	M	A	K	U	R	D	S	M	C	O	M	E	A	X
N	N	Z	Q	B	N	C	R	C	A	Z	O	I	G	S	M

POETH
CYLLYLL
CINIO
PLANT
HAF
NEWYN
TEULU
FFYRC
FFRWYTH
GRIL
GEMAU
LLYSIAU
CERDDORIAETH
SYRTHION
PUPUR
CYW IÂR
SALADAU
SAWS
HALEN
TOMATOS

67 - Forêt Tropicale

P	R	U	T	A	N	I	K	Z	U	A	U	K	D	P	B
L	A	H	A	M	R	Y	W	I	A	E	T	H	D	X	O
B	D	R	Y	Y	Y	P	J	J	W	J	A	B	I	C	T
O	A	E	C	W	Q	B	T	T	O	L	Y	B	L	M	A
P	B	F	V	H	O	B	D	D	W	A	S	N	I	H	N
C	Y	D	U	T	J	G	Y	I	B	R	S	M	G	U	E
C	J	A	F	S	Y	W	A	N	S	A	G	S	A	L	G
A	X	M	Y	O	O	A	S	E	H	C	O	L	L	G	O
D	C	Y	M	Y	L	A	U	H	T	O	J	D	W	O	L
W	C	Y	M	U	N	E	D	N	N	H	L	V	G	S	Y
R	P	R	Y	F	E	D	C	Y	C	E	A	K	O	W	P
A	B	S	Y	H	U	R	E	C	E	D	Y	U	R	M	T
E	M	A	M	A	L	I	A	I	D	L	P	N	O	C	O
T	G	W	E	R	T	H	F	A	W	R	K	H	E	C	H
H	I	W	S	W	C	Z	C	U	Z	J	U	A	S	S	D
A	M	F	F	I	B	I	A	I	D	U	K	Y	I	R	X

AMFFIBIAID
BOTANEGOL
HINSAWDD
CYMUNED
AMRYWIAETH
RHYWOGAETHAU
CYNHENID
PRYFED
JYNGL
MAMALIAID
MWSOGL
NATUR
CYMYLAU
ADAR
GWERTHFAWR
CADWRAETH
LLOCHES
PARCH
ADFER
GOROESI

68 - Ferme #1

I	C	A	P	A	C	A	T	H	S	K	K	M	L	C	X
G	M	N	D	C	Z	A	T	G	C	W	H	U	L	T	U
G	B	U	T	Y	P	S	C	B	S	I	R	L	O	W	V
W	S	W	F	W	R	H	B	L	I	M	J	X	Q	Z	E
D	O	H	T	I	A	T	R	W	G	S	J	X	V	X	M
D	D	O	P	Â	C	B	P	I	W	I	O	G	L	B	E
M	U	I	D	R	F	A	G	K	A	K	E	N	Â	R	F
A	C	Q	A	A	S	Y	N	G	I	M	O	C	H	Y	N
E	K	P	W	D	I	J	Q	H	R	N	P	F	C	M	Y
S	R	N	M	O	E	Y	O	U	Ŵ	Q	U	W	W	U	N
L	W	T	B	H	N	L	H	Q	D	X	S	H	U	X	E
O	M	N	U	U	U	Y	L	R	E	I	S	V	B	C	W
M	Ê	L	L	Z	L	F	L	E	O	L	H	C	P	T	G
Z	L	A	A	G	Z	F	I	U	U	Y	J	B	T	E	X
X	G	X	E	V	Q	E	F	F	E	N	S	I	F	T	V
I	B	D	E	Z	Q	C	F	D	O	W	K	Y	S	F	N

GWENYN
ASYN
BISON
MAES
CATH
CEFFYL
GAFR
CI
FFENS
MOCHYN
FRÂN
DŴR
GWRTAITH
GWAIR
MÊL
CYW IÂR
REIS
DDIADELL
BUWCH
LLO

69 - Escalade

B	R	L	K	A	Z	L	A	R	B	E	N	I	G	W	R
Q	R	X	J	T	Q	F	B	P	P	E	Q	H	I	U	E
H	Y	F	F	O	R	D	D	I	A	N	T	E	N	C	S
N	H	D	S	V	I	X	W	K	M	T	I	I	E	H	G
X	O	O	A	D	T	P	F	I	L	U	C	C	M	D	I
R	E	J	K	C	U	S	D	Q	E	O	U	I	A	E	D
K	I	W	C	O	U	U	Y	R	H	U	X	O	S	R	I
Q	R	V	U	I	O	H	C	L	Y	G	R	Y	W	A	A
H	D	D	Y	W	R	G	O	L	D	Y	F	E	S	A	U
O	E	D	D	E	D	Y	R	F	L	I	W	H	C	N	X
E	G	R	G	U	L	G	F	E	J	B	P	B	G	A	O
W	S	O	I	R	Z	R	F	O	D	N	H	F	P	F	E
T	K	O	F	A	A	M	O	W	T	F	U	B	T	E	X
M	H	A	O	W	U	U	R	J	J	K	Y	S	U	F	L
E	K	G	R	V	Z	E	O	E	V	X	B	R	B	B	S
O	F	U	A	I	W	A	L	L	N	A	C	I	C	A	C

UCHDER
AWYRGYLCH
ANAF
ESGIDIAU
MAP
HELM
CHWILFRYDEDD
HERIAU
ARBENIGWR
CUL
CRYFDER
HYFFORDDIANT
MENIG
OGOF
CANLLAWIAU
CORFFOROL
HEICIO
SEFYDLOGRWYDD
TIR

70 - Café

A	R	O	G	L	D	K	M	H	T	E	A	L	L	Z	B
D	E	Z	C	W	I	Y	E	V	U	K	S	D	C	B	O
F	C	G	I	B	O	L	D	I	H	F	U	N	B	Y	R
H	Y	L	I	F	D	V	W	C	E	A	E	G	N	E	E
E	C	B	H	D	A	O	S	W	T	Z	H	N	U	G	Q
O	Z	L	O	I	I	I	X	P	T	M	A	L	L	F	D
R	A	A	Q	F	D	S	S	A	G	X	A	W	B	G	K
Y	H	S	I	O	D	E	A	N	I	E	F	F	A	C	F
U	R	O	M	P	R	G	W	I	S	Q	Z	Q	P	X	J
R	W	C	S	S	A	D	U	L	A	M	P	N	N	J	J
Y	U	N	U	T	T	H	Q	Q	B	W	R	E	W	H	C
A	M	R	Y	W	I	A	E	T	H	J	I	J	X	B	V
T	E	V	O	T	Z	X	M	D	V	X	S	F	I	F	H
F	S	Y	H	C	A	A	M	D	Z	V	W	B	Z	W	G
K	J	E	J	I	V	M	O	Ŵ	L	P	E	S	E	U	X
W	E	H	F	H	M	M	U	R	A	B	J	F	G	P	E

ASIDIG
CHWERW
AROGL
DIOD
CAFFEIN
HUFEN
DŴR
HIDLO
LLAETH
HYLIF
BORE
MALU
DU
TARDDIAD
PRIS
RHOST
BLAS
SIWGR
CWPAN
AMRYWIAETH

71 - Antarctique

A	G	T	M	B	S	O	T	D	A	I	T	H	F	P	X
M	D	D	E	O	F	I	L	W	E	H	R	P	C	R	A
G	D	D	D	E	R	E	H	M	Y	T	P	H	T	M	Z
Y	Y	Y	J	B	Y	F	F	U	N	E	U	Z	H	D	Y
L	L	N	P	O	E	A	I	E	C	A	V	T	W	R	C
C	I	Y	J	A	M	Y	J	L	J	I	N	H	I	C	R
H	W	S	H	I	D	L	O	N	O	D	D	Y	W	G	E
E	H	O	A	D	A	R	D	K	H	D	P	U	L	U	I
D	C	E	I	Q	B	V	U	A	D	Y	E	I	W	Y	G
D	M	D	W	I	A	A	M	V	C	R	N	O	V	C	I
K	Y	D	T	O	B	Z	B	P	E	A	R	K	H	U	O
M	W	Y	N	A	U	D	S	A	A	E	H	G	M	G	G
S	W	A	F	Z	G	H	Ŵ	R	E	A	Y	I	Â	K	M
U	W	J	H	H	N	O	K	R	I	D	N	A	F	Y	C
T	O	P	O	G	R	A	F	F	E	G	B	P	R	J	Y
C	A	D	W	R	A	E	T	H	X	G	J	Y	E	M	O

BAE
MORFILOD
YMCHWILYDD
CADWRAETH
CYFANDIR
DŴR
AMGYLCHEDD
DAITH
DAEARYDDIAETH
IÂ
RHEWLIFOEDD
YNYSOEDD
MUDO
MWYNAU
ADAR
PENRHYN
CREIGIOG
GWYDDONOL
TYMHEREDD
TOPOGRAFFEG

72 - Professions #2

P	P	W	F	I	T	C	E	T	I	D	N	V	A	F	D
E	E	A	F	P	E	U	V	I	F	B	X	L	T	C	Y
I	I	Y	O	G	D	E	I	N	T	Y	D	D	H	J	F
R	L	M	T	L	O	F	F	E	R	M	W	R	R	W	E
I	O	D	O	C	F	F	E	D	J	S	V	V	O	X	I
A	T	A	G	J	O	O	O	S	V	T	Q	B	L	F	S
N	N	R	R	E	G	Y	D	D	E	F	W	A	L	L	I
N	V	L	A	D	D	Y	L	I	W	H	C	M	Y	W	W
Y	D	U	F	L	Q	R	P	E	R	R	J	R	X	M	R
D	D	N	F	P	E	I	N	T	I	W	R	R	Y	C	F
D	Y	Y	Y	N	N	J	B	I	Q	M	E	D	D	Y	G
W	H	D	D	D	Y	L	L	E	G	R	F	Y	L	L	C
J	T	D	D	D	Y	N	O	R	H	T	A	Y	X	A	P
B	I	O	L	E	G	Y	D	D	G	A	R	D	D	W	R
N	E	W	Y	D	D	I	A	D	U	R	W	R	O	L	V
X	I	V	M	M	N	F	U	N	K	O	Z	N	X	T	W

- FFERMWR
- GOFODWR
- LLYFRGELLYDD
- BIOLEGYDD
- YMCHWILYDD
- LLAWFEDDYG
- DEINTYDD
- DITECTIF
- ATHRO
- DARLUNYDD
- PEIRIANNYDD
- DYFEISIWR
- GARDDWR
- NEWYDDIADURWR
- IEITHYDD
- MEDDYG
- PEINTIWR
- ATHRONYDD
- FFOTOGRAFFYDD
- PEILOT

73 - Les Abeilles

B	U	D	D	I	O	L	A	R	B	Z	Y	S	A	P	R
X	W	C	R	T	Q	Ê	C	D	P	L	Y	N	A	A	V
H	B	K	S	A	Q	M	Y	Q	E	Q	O	R	V	I	P
A	K	J	D	P	O	U	N	I	T	N	W	D	H	L	L
I	P	B	F	A	H	L	E	T	G	K	Y	Y	A	L	A
D	G	A	R	D	D	S	F	F	N	F	R	D	R	U	N
E	B	X	H	Z	M	T	I	F	U	E	R	Y	D	Z	H
C	R	P	B	N	U	N	N	F	P	R	Y	F	E	D	I
O	E	F	S	L	M	A	H	R	N	I	Q	U	B	Z	G
S	N	J	H	T	E	A	I	W	Y	R	M	A	N	D	I
Y	H	C	R	B	L	Y	H	Y	B	L	O	D	Y	N	O
S	I	W	M	B	Z	H	A	T	M	W	E	O	R	X	N
T	N	C	R	W	P	B	U	H	L	Y	A	B	Q	T	T
E	E	H	G	W	G	W	L	W	H	W	T	J	Y	N	H
M	S	N	E	O	Z	Y	D	A	X	P	S	X	S	Y	F
Z	Q	K	W	T	S	D	C	W	Y	R	O	I	X	I	E

ADENYDD
BUDDIOL
CWYR
AMRYWIAETH
HAID
ECOSYSTEM
BLODYN
BLODAU
FFRWYTH
MWG
CYNEFIN
PRYFED
GARDD
MÊL
BWYD
PLANHIGION
PAILL
BRENHINES
CWCH
HAUL

74 - Santé et Bien Être #2

G	E	T	X	Y	Q	C	P	H	S	C	B	A	H	G	A
Y	E	W	G	N	M	L	D	I	D	N	E	L	Y	H	N
F	D	N	V	N	T	E	C	S	Y	B	T	E	Y	I	A
F	G	C	E	I	S	F	B	E	N	F	F	R	O	C	T
I	F	J	V	T	B	Y	T	Y	B	S	Y	G	S	F	O
D	Z	I	T	Y	E	D	E	H	E	S	J	E	T	I	M
T	Y	L	I	N	O	G	H	C	A	I	A	D	R	C	E
P	N	Y	D	V	K	W	A	K	Z	B	H	D	A	P	G
B	H	K	N	S	I	N	I	I	E	N	T	A	E	Z	S
K	P	W	Y	S	A	U	N	G	W	I	E	A	N	H	N
C	A	L	O	R	I	H	T	E	A	M	A	Q	C	V	Q
G	O	E	P	R	F	G	Z	J	N	A	W	D	T	Y	Y
T	H	F	B	A	A	G	I	H	B	T	H	E	F	R	M
D	Z	U	X	A	I	R	B	Z	H	I	C	A	H	E	F
O	K	E	E	T	S	R	T	C	U	F	R	W	K	W	R
O	J	F	A	Z	O	Q	J	X	T	V	A	G	U	Y	E

ALERGEDD
ANATOMEG
ARCHWAETH
CALORI
CORFF
DIFFYG
YNNI
GENETEG
YSBYTY
HYLENDID
HAINT
CLEFYD
TYLINO
MAETH
PWYSAU
ADFER
IACH
GWAED
STRAEN
FITAMIN

75 - Conduite

H	C	I	O	E	C	T	A	W	I	E	M	L	D	P	Q
W	U	J	A	M	C	G	R	V	I	O	B	G	X	M	H
C	W	N	V	Y	O	U	Y	A	Y	O	T	C	U	N	H
W	G	I	L	O	R	I	A	X	F	T	N	A	L	S	H
O	U	A	I	C	E	R	B	K	X	F	A	R	K	N	X
T	M	W	R	Y	W	D	D	R	E	C	I	V	G	S	C
L	M	M	Z	E	N	C	C	Z	W	T	D	G	D	O	H
H	N	A	M	J	J	H	E	D	D	L	U	R	I	V	B
R	U	D	O	M	C	I	E	B	R	C	L	D	O	N	U
P	K	D	D	D	R	O	F	F	O	T	C	D	G	F	C
A	E	E	U	T	A	N	W	Y	D	D	Y	S	E	R	E
M	H	R	R	O	I	U	S	P	C	D	W	G	L	N	U
H	B	M	Y	C	Y	F	L	Y	M	D	E	R	W	H	Q
P	F	W	X	G	X	O	U	W	V	R	I	S	C	F	E
R	X	J	M	O	L	E	N	N	W	T	N	X	H	I	Z
T	R	W	Y	D	D	E	D	B	X	D	F	K	O	W	Z

DAMWAIN
LORI
TANWYDD
MAP
PERYGL
BRECIAU
GAREJ
NWY
TRWYDDED
MODUR

BEIC MODUR
CERDDWYR
HEDDLU
FFORDD
DIOGELWCH
TRAFFIG
CLUDIANT
TWNNEL
CYFLYMDER
CAR

76 - Plantes

G	F	B	I	B	Y	H	Z	I	M	J	V	R	M	J	O
W	Z	M	S	K	L	L	I	J	Y	O	K	J	P	F	J
R	I	P	E	Z	N	O	R	E	A	D	O	K	G	R	D
T	Y	U	S	P	F	O	D	L	S	B	A	G	L	T	Q
A	J	U	F	Y	T	M	W	Y	F	L	K	W	A	T	T
I	E	T	L	G	O	S	W	M	N	F	R	R	S	C	C
T	G	N	O	D	A	I	L	M	Y	Y	A	A	W	O	A
H	E	A	R	C	O	E	D	Y	W	T	J	I	E	E	D
H	U	I	A	A	Q	O	H	Z	L	R	E	D	L	D	L
D	E	F	D	P	H	C	I	B	L	L	S	D	L	W	S
E	I	Y	H	D	T	G	C	A	L	G	U	C	T	I	P
T	S	T	W	J	E	W	Z	M	L	A	T	E	P	G	L
I	Y	S	C	F	G	W	F	B	G	R	C	S	I	O	F
Q	L	Y	S	L	X	L	K	Ŵ	Q	D	A	D	W	G	I
T	L	L	G	K	K	B	B	W	C	D	C	T	W	H	I
V	H	L	H	N	L	U	L	V	V	M	U	A	I	G	O

COED
AERON
BAMBŴ
LLYSIEUEG
LLWYN
CACTUS
GWRTAITH
DAIL
BLODYN
FLORA
COEDWIG
TYFU
FFA
GLASWELLT
GARDD
EIDDEW
MWSOGL
PETAL
GWRAIDD
LLYSTYFIANT

77 - Ferme #2

L	J	D	E	F	D	D	E	A	B	U	V	D	Z	K	V
H	Q	T	W	E	F	U	J	G	W	I	C	N	N	Z	G
H	T	E	A	L	L	E	J	V	Y	T	I	A	E	M	U
T	G	D	D	I	A	H	R	Y	D	V	G	L	D	K	J
Y	T	V	J	A	X	U	O	M	N	A	O	L	A	R	R
W	S	O	L	G	L	W	A	Y	W	U	E	R	Y	M	U
R	R	G	R	U	O	E	R	N	Z	R	N	E	W	K	A
F	C	H	U	B	D	Y	F	R	H	A	U	B	H	R	I
F	O	S	V	B	Z	J	Z	V	W	G	Q	A	D	A	S
C	R	Z	R	Q	O	T	R	A	C	T	O	R	E	X	Y
O	N	D	L	M	I	R	R	H	Y	E	O	T	F	X	L
J	D	V	Z	Y	Y	G	W	E	N	I	T	H	A	R	L
A	N	I	F	E	I	L	I	A	I	D	A	D	I	S	P
D	Ô	L	L	S	W	L	I	S	X	S	Y	R	D	L	V
U	L	O	I	W	B	F	Q	R	Q	A	E	C	R	D	W
M	G	M	C	R	N	V	I	E	K	E	W	R	R	Q	M

CIG OEN
FFERMWR
ANIFEILIAID
BUGAIL
GWENITH
HWYADEN
FFRWYTH
YSGUBOR
DYFRHAU
LLAETH
LAMA
LLYSIAU
CORN
DEFAID
AEDDFED
BWYD
HAIDD
DÔL
TRACTOR
BERLLAN

78 - Vacances #2

R	Y	A	L	L	Y	S	R	E	W	G	E	R	Z	L	F
B	K	I	M	I	T	S	V	C	T	W	F	H	I	M	M
X	N	A	F	H	C	R	Y	C	U	Y	T	A	I	T	H
C	D	B	A	M	E	I	Y	Y	S	L	L	E	B	A	P
X	P	W	M	I	S	U	L	X	K	I	R	X	E	S	Y
O	A	Y	L	B	Z	P	O	O	O	A	M	L	O	I	K
C	Q	T	U	Z	O	Z	L	N	D	U	C	B	R	F	L
K	X	Y	I	B	P	D	G	M	A	E	S	A	W	Y	R
K	O	L	L	C	J	A	J	W	M	F	Y	P	P	P	X
S	G	N	O	F	L	X	J	T	E	S	S	B	A	M	J
T	R	A	M	O	R	U	Z	Z	V	S	H	J	S	A	T
E	F	Z	Z	T	U	V	D	L	G	Y	T	K	B	P	A
S	W	T	Y	G	N	B	T	I	J	N	E	Y	O	Z	C
L	H	T	U	J	X	T	R	M	A	Y	A	M	R	R	S
H	A	M	D	D	E	N	Ê	Ô	O	N	R	M	T	V	I
R	J	U	L	K	B	B	N	R	O	Q	T	W	H	N	O

MAES AWYR
GWERSYLLA
MAP
CYRCHFAN
TRAMOR
GWESTY
YNYS
HAMDDEN
MÔR
PASBORT

TRAETH
BWYTY
AMHEUON
TACSI
PABELL
TRÊN
CLUDIANT
GWYLIAU
FISA
TAITH

79 - Temps

C	N	A	B	Q	V	U	W	N	C	I	C	K	P	T	I
A	A	R	B	L	K	Y	D	U	F	X	E	I	X	P	A
N	B	Ô	D	X	Y	H	A	N	N	E	R	D	Y	D	D
R	N	L	N	H	W	N	T	N	Y	R	C	K	S	N	O
I	W	M	R	F	E	O	Y	R	D	N	E	L	A	C	C
F	K	I	E	A	F	W	W	D	F	Y	A	C	M	O	I
K	X	S	O	N	W	K	I	R	D	C	F	C	L	O	C
K	A	O	D	C	E	R	W	A	N	O	V	O	U	D	U
Z	L	N	D	Y	B	O	R	E	Y	A	L	Z	D	I	G
X	A	H	W	N	D	Y	D	D	D	U	U	R	U	O	C
A	U	T	A	F	F	O	X	O	D	E	B	I	N	U	L
W	C	Y	G	U	C	Y	H	W	Y	E	G	P	U	J	M
V	E	W	E	A	U	R	R	D	W	M	X	J	M	R	A
U	O	G	D	N	A	O	X	R	L	R	C	U	L	S	Y
B	C	B	Q	Q	T	U	K	S	B	Z	R	C	V	S	F
S	U	J	A	R	X	J	X	S	Z	S	R	P	Y	L	J

BLWYDDYN
BLYNYDDOL
AR ÔL
CYN
YN FUAN
CALENDR
DEGAWD
DYFODOL
AWR
DDOE
CLOC
DYDD
NAWR
BORE
HANNER DYDD
MUNUD
MIS
NOS
WYTHNOS
CANRIF

80 - Maison

P	T	Q	N	D	M	O	N	W	M	Q	K	D	Q	L	C
L	I	S	H	M	X	D	V	O	W	U	Q	R	L	L	A
P	K	I	I	P	H	K	F	W	P	T	B	W	K	Y	W
R	N	Z	V	I	R	C	A	A	M	J	T	S	Y	F	O
B	O	W	E	I	B	J	E	R	A	G	H	C	Y	R	D
S	G	E	T	K	J	Q	X	G	L	M	J	Q	F	G	V
N	E	N	F	W	D	A	O	Y	I	R	Z	U	S	E	A
E	F	F	E	N	E	S	T	R	T	N	U	S	G	L	F
F	G	A	R	D	D	Q	S	A	F	Â	M	G	F	L	L
F	Y	C	O	I	B	Q	G	L	W	T	U	I	V	Y	X
I	C	H	C	O	A	O	Q	L	L	E	T	T	D	X	J
Q	B	C	R	Q	D	S	A	W	S	L	D	A	N	A	B
E	Y	I	Y	A	L	S	J	E	L	L	E	N	N	I	V
S	X	S	H	F	D	D	O	D	R	A	K	B	G	A	T
Y	S	T	A	F	E	L	L	D	K	A	W	V	W	F	B
Q	O	W	U	B	S	Q	D	I	A	G	H	Y	M	T	Z

BANADL
LLYFRGELL
YSTAFELL
LLE TÂN
ALLWEDDI
FFENS
CEGIN
CAWOD
FFENESTR
GAREJ
ATIG
GARDD
LAMP
DRYCH
WAL
NENFWD
DRWS
LLENNI
RUG
TO

81 - Légumes

S	E	G	B	Q	S	B	E	G	G	P	L	A	N	T	O
Y	A	E	X	K	E	B	R	N	A	M	H	J	O	L	L
P	C	L	Q	F	L	H	G	O	I	S	I	T	R	A	E
I	I	L	A	B	E	I	O	I	C	K	X	U	O	Q	W
A	W	R	I	D	R	D	N	N	M	O	V	V	M	K	Y
M	C	A	L	E	I	K	R	U	P	E	L	L	H	A	D
S	Y	G	N	E	P	M	W	P	V	Y	H	I	F	Z	D
C	M	Q	O	S	B	I	G	O	G	L	Y	S	T	Y	K
P	B	O	M	B	X	O	W	X	A	Z	L	I	O	D	K
Q	R	Y	Y	A	E	E	G	I	E	L	B	M	M	J	D
J	L	Y	W	H	D	H	X	X	E	I	R	T	A	O	R
H	A	K	G	K	C	A	B	E	G	E	U	X	T	C	X
C	O	D	Y	Z	I	K	R	I	S	N	I	S	O	C	B
U	L	G	B	N	R	A	B	C	R	A	D	I	S	H	C
A	Y	X	Q	K	H	U	A	Q	H	P	E	R	S	L	I
X	R	X	X	F	B	S	D	T	Q	P	D	G	X	Q	L

GARLLEG
GWYMON
ARTISIOG
EGGPLANT
BROCOLI
MORON
SELERI
MADARCH
PWMPEN
CIWCYMBR
SBIGOGLYS
SINSIR
MAIP
UNION
OLEWYDD
PERSLI
PYS
RADISH
SALAD
TOMATO

82 - Famille

C	B	D	M	G	I	W	T	E	R	X	C	V	W	D	A
X	H	T	I	N	Y	I	E	C	Q	D	Y	J	D	F	S
M	X	W	M	A	C	W	X	C	R	T	U	T	Z	N	N
K	U	U	A	M	A	M	D	Y	I	A	N	U	Y	P	N
E	X	P	F	E	N	T	Q	H	G	D	I	A	T	Y	Z
M	E	R	C	H	R	N	O	Y	F	O	P	N	L	A	W
T	A	D	O	L	D	Ŵ	L	N	T	D	F	G	N	P	N
L	M	B	C	N	T	V	G	A	G	N	D	J	K	P	L
E	W	Y	T	H	R	V	I	F	F	Y	K	K	W	L	J
O	F	R	A	W	E	P	A	I	J	T	H	S	R	W	I
A	I	D	N	L	D	L	R	A	B	N	T	A	E	P	T
X	Y	O	J	D	N	E	W	D	R	E	N	B	P	V	H
A	C	M	C	F	F	N	G	E	A	L	A	E	I	Z	W
T	L	F	L	X	E	T	O	Z	W	P	I	T	O	P	E
V	Q	D	B	T	C	Y	J	N	D	C	N	B	A	M	D
Z	V	E	X	U	U	N	T	W	M	M	I	W	O	T	B

HYNAFIAD
CEFNDER
PLENTYNDOD
PLENTYN
PLANT
GWRAIG
MERCH
BRAWD
NAIN
TAID
GŴR
MAMAU
FAM
NAI
NITH
EWYTHR
TADOL
TAD
CHWAER
MODRYB

83 - Oiseaux

Y	H	W	T	T	P	F	U	D	D	R	K	A	N	I	Y
D	W	U	S	Y	R	T	S	E	D	V	C	S	T	Z	A
C	Q	U	B	G	Ŵ	Y	D	D	X	C	Y	W	I	Â	R
Z	A	Y	Y	A	A	W	R	O	D	U	J	F	B	N	Y
W	I	T	O	D	B	Y	Y	E	U	F	P	J	X	K	Ë
H	J	H	Q	V	F	C	P	S	U	X	A	K	T	O	R
P	V	Y	L	B	B	E	N	A	C	I	L	E	P	Q	C
H	W	Y	A	D	E	N	E	X	U	L	K	S	L	S	P
F	P	M	L	S	L	Y	Y	I	U	N	Y	R	E	D	A
R	T	I	P	F	S	N	I	W	G	N	E	P	C	L	C
Â	F	P	O	G	U	I	E	R	T	W	Q	Y	I	X	S
N	D	I	D	O	N	N	E	M	O	L	O	C	C	H	G
V	J	I	P	G	Y	X	H	T	O	R	A	P	O	R	U
A	X	F	U	Y	A	H	C	R	A	L	A	P	N	Y	Z
G	W	Y	L	A	N	A	C	W	T	R	O	N	I	Q	Q
F	L	D	S	U	W	U	G	X	C	V	E	C	A	P	N

ERYR
ESTRYS
HWYADEN
CICONIA
COLOMEN
FRÂN
GOG
ALARCH
CRËYR
PENGWIN
ADERYN
GWYLAN
WY
GŴYDD
PAUN
PAROT
PELICAN
COLOMENNOD
CYW IÂR
TWCAN

84 - Disciplines Scientifiques

M	I	L	O	F	Y	D	D	I	A	E	T	H	W	G	C
H	L	F	U	A	B	K	T	T	L	Y	F	Y	C	Q	Y
T	M	E	T	E	O	R	O	L	E	G	W	B	E	R	M
E	I	V	P	D	D	W	A	L	G	N	Y	W	M	O	D
A	R	C	H	A	E	O	L	E	G	D	E	I	E	B	E
I	S	F	W	F	N	A	A	Y	E	A	C	M	G	O	I
D	E	F	J	L	G	G	O	X	M	E	O	I	E	T	T
D	R	I	J	K	E	E	I	C	E	A	L	W	L	E	H
Y	Y	S	F	H	L	L	U	G	C	R	E	N	O	G	A
H	D	I	Z	Y	O	O	W	E	O	E	G	O	I	E	S
T	D	O	G	Q	R	C	H	N	I	G	B	L	B	M	E
I	I	L	S	R	W	I	J	A	B	S	A	E	Y	O	G
E	A	E	H	G	I	E	R	C	M	O	Y	G	V	T	U
I	E	G	M	Y	N	S	H	E	R	H	D	L	D	A	T
S	T	R	U	A	W	X	U	M	I	S	E	Z	L	N	J
K	H	Q	R	V	S	I	M	H	O	M	Y	T	T	A	J

ANATOMEG
ARCHAEOLEG
SERYDDIAETH
BIOCEMEG
BIOLEG
LLYSIEUEG
CEMEG
ECOLEG
DAEAREG
IMIWNOLEG
IEITHYDDIAETH
MECANEG
METEOROLEG
MWYNGLAWDD
NIWROLEG
FFISIOLEG
SEICOLEG
ROBOTEG
CYMDEITHASEG
MILOFYDDIAETH

85 - Maladie

S	Y	N	D	R	O	M	Y	K	C	W	Y	C	N	V	A
G	O	W	I	O	O	U	A	D	D	E	G	R	E	L	A
L	L	I	D	L	L	E	S	M	D	Y	H	C	E	I	G
R	V	M	K	D	O	E	H	O	H	E	K	O	X	R	O
P	A	T	H	O	G	E	N	A	U	B	N	O	G	Y	U
H	I	X	W	J	A	S	T	W	K	K	I	W	V	E	H
E	P	V	N	I	A	T	E	B	O	L	W	M	I	I	L
I	A	Y	E	B	C	E	H	S	X	P	R	E	E	M	G
N	R	Y	G	S	E	A	A	Q	R	L	O	I	T	B	I
T	E	G	W	A	N	V	D	C	O	R	P	N	I	J	N
U	H	H	S	P	T	P	A	X	A	A	A	G	F	U	O
S	T	G	J	G	O	X	A	N	J	Z	T	E	E	T	R
G	E	N	E	T	I	G	A	V	H	V	H	F	D	U	C
C	O	R	F	F	K	N	I	K	O	U	E	N	D	M	O
B	Z	E	O	J	W	X	S	E	F	I	G	O	O	A	J
A	B	J	B	O	F	G	A	L	O	N	P	L	L	E	N

ACIWT
ALERGEDDAU
LLES
CRONIG
HEINTUS
CORFF
GALON
GWAN
GENETIG
ETIFEDDOL
IMIWNEDD
LLID
MEINGEFNOL
NIWROPATHEG
ESGYRN
PATHOGENAU
ATEBOL
IECHYD
SYNDROM
THERAPI

86 - Émotions

D	U	C	Y	M	S	H	C	W	D	D	E	H	Q	T	U
I	B	V	Y	H	C	W	T	S	I	R	T	C	E	B	R
C	R	D	S	N	L	E	S	M	O	X	L	W	S	L	D
T	S	V	E	F	N	S	V	D	L	F	O	D	L	O	N
E	B	H	V	O	B	W	M	K	C	W	N	D	E	Z	N
R	H	C	W	R	E	N	Y	T	H	J	E	Y	W	V	A
G	Y	F	F	R	O	U	S	S	G	X	D	N	A	L	Z
D	I	F	L	A	S	T	O	D	A	O	D	O	D	V	M
R	H	Y	D	D	H	A	D	B	R	Y	M	L	N	J	L
L	L	A	W	E	N	Y	D	D	K	T	A	L	L	T	E
I	S	O	Q	U	L	H	J	B	F	Q	H	C	L	R	M
C	Y	D	Y	M	D	E	I	M	L	A	D	C	A	L	F
U	M	V	Y	P	G	U	U	U	O	K	Q	I	U	R	W
C	A	R	E	D	I	G	R	W	Y	D	D	P	V	Q	U
S	Y	N	D	O	D	A	A	T	N	Y	H	G	J	L	B
D	E	E	Y	V	R	F	J	T	P	Y	S	E	H	G	B

CARU
DAWEL
DICTER
CYNNWYS
HAMDDENOL
DIFLASTOD
GYFFROUS
CAREDIGRWYDD
LLAWENYDD
HEDDWCH
OFN
DIOLCHGAR
RHYDDHAD
FODLON
SYNDOD
CYDYMDEIMLAD
TYNERWCH
LLONYDDWCH
TRISTWCH

87 - Univers

T	I	B	R	O	B	D	L	J	S	S	A	T	S	Q	L
R	E	F	F	S	I	M	E	H	E	O	S	Y	I	D	L
H	G	L	X	B	E	U	W	S	R	L	T	W	D	C	E
C	B	B	E	A	W	Y	R	B	Y	A	E	Y	Y	O	U
L	O	U	X	S	U	C	O	L	D	R	R	L	D	K	A
Y	C	S	R	A	G	K	G	X	D	N	O	L	D	Y	D
G	M	D	M	V	M	O	T	N	W	S	I	W	O	R	K
R	E	J	H	I	P	E	P	S	R	W	D	C	E	I	H
Y	X	D	V	J	G	V	H	N	K	X	N	H	F	C	Y
W	H	B	S	E	R	Y	D	D	I	A	E	T	H	H	D
A	L	L	E	D	R	E	D	D	E	D	Y	H	Y	C	R
D	F	A	S	T	Z	F	I	Y	G	D	Z	M	U	A	E
T	Y	Z	T	B	A	O	X	E	F	L	G	D	M	B	D
G	W	E	L	A	D	W	Y	M	G	P	Y	K	P	K	I
K	V	I	M	V	L	D	N	Z	L	U	Y	P	L	O	Y
P	M	S	A	G	X	S	U	W	G	A	L	A	E	T	H

ASTEROID
SERYDDWR
SERYDDIAETH
AWYRGYLCH
AWYR
COSMIG
CYHYDEDD
GALAETH
HEMISFFER
GORWEL
LLEDRED
HYDRED
LLEUAD
TYWYLLWCH
ORBIT
SOLAR
ATEB
TELESGOP
GWELADWY
SIDYDD

88 - Géographie

C	L	G	L	T	N	L	B	S	H	T	R	D	O	Q	G
V	F	D	M	G	O	R	L	L	E	W	I	N	K	K	J
Z	J	H	R	G	X	O	D	E	L	Q	E	T	Y	P	G
Y	A	B	S	I	A	F	G	O	G	L	E	D	D	Z	W
V	F	V	H	O	T	N	T	Z	J	B	Z	D	E	E	L
U	U	F	E	F	Z	F	S	Y	Z	J	L	Y	R	E	A
E	Z	V	Y	B	H	E	T	H	R	Z	J	N	D	T	D
D	V	O	F	E	X	C	K	M	G	I	E	Y	E	I	M
R	H	A	N	B	A	R	T	H	Q	I	K	M	L	R	E
T	H	Y	B	X	V	W	Ô	A	F	O	N	E	L	I	R
K	I	U	A	T	L	A	S	M	B	H	D	Y	B	O	I
Q	H	C	P	D	I	N	A	S	A	F	B	N	X	G	D
O	O	H	H	E	K	Y	A	U	E	P	Y	Y	L	A	I
Z	G	D	C	Y	F	A	N	D	I	R	I	S	X	E	A
M	U	E	G	Q	L	L	Z	K	H	E	F	X	J	T	N
W	O	R	E	F	F	S	I	M	E	H	X	L	Y	H	A

UCHDER
ATLAS
MAP
CYFANDIR
AFON
HEMISFFER
YNYS
LLEDRED
MÔR
MERIDIAN

BYD
MYNYDD
GOGLEDD
CEFNFOR
GORLLEWIN
GWLAD
RHANBARTH
DE
TIRIOGAETH
DINAS

89 - Danse

S	M	T	I	W	C	F	A	O	E	P	L	G	O	D	C
A	Y	R	F	Q	P	F	B	E	G	A	L	W	Z	I	O
R	J	M	Y	M	A	R	F	E	R	R	A	E	L	W	R
G	O	C	U	L	C	O	Z	U	X	T	W	L	O	Y	E
O	I	M	E	D	A	C	A	X	X	N	E	E	N	L	O
N	Q	G	Q	R	I	Q	K	C	H	E	N	D	N	L	G
O	T	V	M	M	D	A	K	I	E	R	B	O	A	I	R
R	H	Y	T	H	M	D	D	R	S	L	D	L	I	A	A
S	R	R	B	U	R	L	O	G	S	O	F	Y	L	N	F
Q	U	U	F	R	S	N	Y	R	W	R	O	M	L	T	F
B	J	M	W	L	O	N	N	A	I	G	E	N	Y	M	I
Z	W	L	Y	X	R	P	N	H	M	A	D	F	W	F	K
E	M	O	S	I	W	N	H	P	D	Y	E	E	I	N	W
C	L	A	S	U	R	O	L	U	O	I	K	T	D	L	E
C	N	K	F	L	N	E	I	D	I	O	B	H	H	X	M
T	R	A	D	D	O	D	I	A	D	O	L	K	W	F	C

ACADEMI
CELF
COREOGRAFFI
CLASUROL
CORFF
DIWYLLIANT
DIWYLLIANNOL
MYNEGIANNOL
EMOSIWN
GRAS
LLAWEN
SYMUDIAD
CERDDORIAETH
PARTNER
OSGO
YMARFER
RHYTHM
NEIDIO
TRADDODIADOL
GWELEDOL

90 - Bâtiments

C	X	A	L	U	C	G	H	X	D	O	W	B	M	V	L
Y	D	R	O	B	A	L	A	F	D	D	E	U	G	M	A
T	I	C	G	W	L	L	M	R	K	N	Y	F	H	Z	N
Y	V	H	S	M	A	E	E	H	E	Z	S	F	J	Z	R
B	B	F	Y	B	W	T	N	U	P	J	G	A	N	B	I
S	M	A	C	H	S	S	I	L	R	P	U	T	J	A	S
Y	J	R	Z	T	S	A	S	O	C	A	B	R	K	R	T
D	C	C	S	C	C	C	X	G	H	B	O	I	C	S	A
H	R	H	D	A	A	J	Y	S	G	E	R	Y	D	Y	D
T	G	N	A	B	A	C	L	Y	W	L	S	P	M	L	I
I	D	A	R	S	T	T	V	F	E	L	U	D	W	L	W
E	N	D	D	W	F	A	W	I	S	Y	W	X	Y	F	M
W	A	U	Q	C	I	L	L	R	T	A	E	H	T	A	Q
G	R	H	R	V	K	F	U	P	Y	J	M	Q	N	Z	F
T	V	R	C	A	K	F	Y	O	G	T	O	M	D	U	Z
B	X	U	A	S	J	M	E	V	O	U	L	C	P	Q	R

FFLAT
GWEITHDY
CABAN
CASTELL
SINEMA
YSGOL
GAREJ
YSGUBOR
YSBYTY
GWESTY
LABORDY
AMGUEDDFA
ARSYLLFA
STADIWM
ARCHFARCHNAD
PABELL
THEATR
TWR
PRIFYSGOL
FFATRI

91 - Livres

R	W	D	D	O	R	D	A	U	X	N	C	V	S	X	B
Q	C	O	T	R	A	S	I	G	I	B	Y	U	B	P	D
Z	Y	N	O	H	A	L	A	B	Z	Z	F	Z	W	Z	F
Z	D	I	D	D	O	S	D	D	U	B	R	L	X	N	N
G	D	O	W	E	V	L	U	Y	G	U	E	O	G	X	I
C	E	L	C	S	U	C	T	H	U	Q	S	D	V	Z	R
A	S	O	B	E	E	O	L	L	E	N	Y	D	D	O	L
S	T	S	N	B	R	N	L	G	K	P	Z	Y	D	L	E
G	U	A	A	X	V	D	C	I	R	O	T	S	Y	E	F
L	N	N	U	O	B	J	D	P	A	D	R	E	N	H	O
I	O	H	Y	L	U	U	C	E	B	E	X	N	E	S	N
A	Q	T	Z	J	N	E	L	A	D	U	T	A	L	D	J
D	J	R	Y	A	Q	B	O	E	N	I	Q	H	L	G	T
J	S	E	U	F	K	J	N	N	E	T	E	O	R	T	I
W	S	P	Z	E	W	A	W	D	U	R	U	C	A	K	W
B	A	R	D	D	O	N	I	A	E	T	H	R	D	T	H

AWDUR
ANTUR
CASGLIAD
CYD-DESTUN
DEUOLIAETH
EPIG
STORI
HANESYDDOL
DONIOL
BUDDSODDI
DARLLENYDD
LLENYDDOL
ADRODDWR
TUDALEN
PERTHNASOL
CERDD
BARDDONIAETH
NOFEL
CYFRES
TRASIG

92 - Pays #2

U	C	S	X	E	F	D	E	T	S	I	A	F	X	Y	M
L	G	J	M	X	D	A	F	X	X	W	L	F	I	D	U
I	K	A	I	S	W	R	G	R	W	E	B	R	C	E	U
B	Z	I	N	A	P	A	J	Y	X	R	A	A	M	N	L
A	U	L	E	D	I	T	I	A	H	D	N	I	N	M	R
N	U	A	B	I	A	N	P	O	N	D	I	N	S	A	H
U	N	M	K	Z	M	J	D	E	Q	O	A	C	Y	R	P
S	Z	O	L	U	S	J	C	O	Q	N	Q	C	R	C	A
K	M	S	O	A	L	A	V	V	N	K	W	D	I	K	K
Y	H	M	T	S	I	E	I	N	A	E	W	O	A	E	I
X	O	E	E	W	C	R	Á	I	N	L	S	V	O	N	S
Y	Y	I	Z	C	J	A	M	A	I	C	A	I	O	Y	T
S	U	D	A	N	S	K	U	J	W	X	H	H	A	A	A
I	M	Q	A	A	T	I	L	N	H	B	X	U	E	O	N
G	I	I	B	M	J	Z	C	X	S	S	S	Z	X	S	S
E	X	H	E	H	W	M	K	O	F	Y	J	G	D	L	O

ALBANIA
TSIEINA
DENMARC
FFRAINC
HAITI
INDONESIA
IWERDDON
JAMAICA
JAPAN
KENYA
LAOS
LIBANUS
MECSICO
UGANDA
PAKISTAN
RWSIA
SOMALIA
SUDAN
SYRIA
WCRÁIN

93 - Jazz

F	I	K	C	F	H	I	C	B	Y	A	G	C	M	E	V
X	F	S	J	Y	C	W	B	T	G	G	U	E	Q	Z	M
A	B	E	Y	A	F	R	O	D	D	R	E	C	N	U	J
O	A	J	F	C	Y	A	Q	Z	F	T	S	I	T	R	A
H	G	A	C	R	H	H	N	N	P	Z	P	E	N	C	E
K	L	Q	Y	Y	Y	Q	T	S	H	Q	I	N	E	Y	T
C	Â	N	N	F	A	N	Q	A	O	N	A	W	L	F	E
V	V	N	G	Y	U	X	N	U	L	D	K	O	A	A	C
W	S	Z	E	F	I	F	M	A	L	M	D	G	T	N	H
I	B	Q	R	R	Y	T	A	I	U	F	A	W	M	S	N
J	V	D	D	Y	W	E	N	M	D	Q	L	E	R	O	E
C	G	E	D	B	D	I	E	Y	D	G	B	O	J	D	G
V	G	A	M	H	T	Y	H	R	R	F	W	N	Q	D	K
U	N	A	W	D	K	S	J	D	A	R	M	A	R	I	O
C	E	R	D	D	O	R	I	A	E	T	H	W	G	A	D
K	U	G	E	P	E	V	X	M	D	X	V	G	X	D	E

ALBWM
ARTIST
ENWOG
CÂN
CYFANSODDWR
CYFANSODDIAD
CYNGERDD
FFEFRYNNAU
GENRE
BYRFYFYR
CERDDORIAETH
NEWYDD
CERDDORFA
RHYTHM
UNAWD
ARDDULL
TALENT
DRYMIAU
TECHNEG
HEN

94 - Paysages

M	L	P	X	V	D	D	Y	N	Y	M	C	D	L	I	A
L	Y	H	Y	Z	X	Y	R	A	D	R	E	B	A	O	G
G	W	G	B	P	S	L	F	I	L	W	E	H	R	B	U
E	R	C	H	U	U	O	D	F	P	M	R	N	D	R	Z
P	H	Y	V	Q	M	N	B	M	R	E	S	Y	N	Y	J
H	H	L	O	L	L	Y	N	G	Ô	Y	N	Q	U	N	E
W	T	C	G	S	P	W	O	E	M	A	N	R	T	I	K
X	E	S	O	W	V	Z	F	Y	T	U	Q	R	H	C	B
Z	A	R	F	O	B	R	A	S	X	N	W	M	Z	Y	T
B	R	O	D	P	W	H	E	E	W	Y	M	Y	E	R	N
N	T	G	C	D	G	M	W	R	K	I	L	N	G	N	Z
X	C	W	I	R	O	B	W	X	O	P	N	Y	E	W	Y
T	Q	K	J	J	Q	N	E	O	V	X	A	D	J	I	O
L	L	O	S	G	F	Y	N	Y	D	D	Y	D	O	H	W
R	H	A	E	A	D	R	H	C	W	L	A	I	N	A	D
A	J	H	G	W	X	R	S	O	L	F	G	Â	S	Z	I

RHAEADR	LLYN
BRYN	GORS
ANIALWCH	MÔR
ABER	MYNYDD
AFON	WERDDON
GEYSER	PENRHYN
RHEWLIF	TRAETH
OGOF	TUNDRA
MYNYDD IÂ	DYFFRYN
YNYS	LLOSGFYNYDD

95 - Pays #1

L	B	R	A	S	I	L	A	V	Y	I	C	L	S	H	O
E	I	T	C	J	D	M	R	E	Q	Y	N	E	D	L	A
A	M	B	R	B	X	Z	I	N	E	F	E	D	N	U	F
R	V	Q	Y	B	G	D	A	E	Y	F	C	W	I	E	F
S	N	G	W	A	G	S	N	Z	S	O	W	N	T	A	G
I	T	A	R	U	R	E	N	U	U	C	A	A	M	K	A
M	E	A	O	G	O	N	I	E	V	O	D	E	B	A	N
R	Z	X	N	A	Y	I	N	L	Q	R	O	H	J	L	I
C	U	Z	Z	R	R	P	P	A	D	O	R	C	D	L	S
I	N	U	N	A	A	P	P	R	O	M	A	N	I	A	T
X	V	S	W	C	L	I	E	A	I	N	D	B	N	Y	A
L	R	X	D	I	M	L	Y	W	P	D	A	L	W	G	N
W	H	U	L	N	A	I	R	M	B	Q	N	E	A	B	S
P	O	D	X	F	E	H	W	A	B	X	A	I	F	S	M
E	F	C	V	L	N	P	B	L	E	N	C	Q	F	P	V
M	P	A	N	A	M	A	C	I	L	C	I	A	A	F	F

AFFGANISTAN
YR ALMAEN
ARIANNIN
BRASIL
CANADA
SBAEN
ECWADOR
FFINDIR
INDIA
ISRAEL
LIBYA
MALI
MOROCO
NICARAGUA
NORWY
PANAMA
PHILIPPINES
GWLAD PWYL
ROMANIA
VENEZUELA

96 - Psychologie

K	C	H	Y	N	Z	U	T	H	E	R	A	P	I	D	A
A	I	A	H	T	E	A	I	D	D	Y	B	Y	W	G	N
I	N	A	Q	D	A	I	G	Y	D	D	M	Y	N	C	Y
D	N	W	N	B	Z	L	G	E	Y	M	J	T	I	R	M
G	K	N	O	I	D	Y	W	D	D	U	E	R	B	X	W
C	S	Y	N	I	A	D	A	U	F	T	G	Z	S	V	Y
P	R	O	F	I	A	D	A	U	H	E	F	Z	D	J	B
Y	W	Z	S	C	D	E	M	O	S	I	Y	N	A	U	O
E	X	D	I	Z	D	M	L	E	G	E	G	I	M	E	D
R	G	H	T	E	A	I	L	O	N	O	S	R	E	P	O
E	X	O	A	A	L	S	X	Q	H	L	L	Y	L	R	L
A	W	Y	N	Y	M	W	E	B	C	I	K	H	B	Q	Q
L	O	G	I	N	I	L	C	S	O	W	M	D	O	N	B
I	J	J	A	Z	E	W	V	P	I	P	E	E	R	U	X
T	M	J	E	W	T	B	J	C	F	A	S	S	B	M	Z
I	C	A	N	F	Y	D	D	I	A	D	D	T	Z	R	W

CLINIGOL
GWYBYDDIAETH
YMDDYGIAD
EGO
PROFIADAU
EMOSIYNAU
ASESIAD
SYNIADAU
ANYMWYBODOL
MEDDYLIAU
CANFYDDIAD
PERSONOLIAETH
BROBLEM
REALITI
BREUDDWYDION
TEIMLAD
THERAPI

97 - Nature

Y	D	K	H	M	X	O	M	C	D	W	X	A	W	Y	H
T	R	C	J	F	U	F	Y	N	O	G	Y	F	X	E	A
D	H	C	W	L	A	I	N	A	I	E	I	O	D	V	R
G	Q	O	S	I	L	L	Y	D	T	W	D	N	I	W	D
I	W	K	M	A	Y	W	D	Y	R	C	L	W	A	T	D
T	G	E	M	D	M	E	D	N	O	L	X	P	I	M	W
C	P	T	N	D	Y	H	O	A	F	O	P	Q	L	G	C
R	G	E	S	Y	C	R	E	M	A	G	C	S	I	A	H
A	S	X	O	P	N	I	D	I	N	W	P	E	E	B	M
M	T	A	W	E	L	R	D	G	N	Y	E	T	F	J	Y
K	L	L	N	L	F	O	G	K	O	N	D	F	I	Z	T
Y	L	P	O	G	U	V	J	N	L	I	V	G	N	O	J
I	Y	H	A	N	F	O	D	O	L	Y	Y	C	A	G	F
N	W	D	X	B	H	E	D	D	Y	C	H	L	O	N	L
A	G	T	G	Q	U	D	V	D	I	T	F	P	G	K	C
O	E	R	R	L	K	B	P	R	I	A	F	X	Q	Z	N

GWENYN
ANIFEILIAID
ARCTIG
HARDDWCH
NIWL
ANIALWCH
DYNAMIG
CLOGWYNI
DAIL
AFON
COEDWIG
RHEWLIF
MYNYDDOEDD
CYMYLAU
HEDDYCHLON
CYSEGR
GWYLLT
TAWEL
TROFANNOL
HANFODOL

98 - Chimie

E	H	J	G	P	W	Y	S	A	U	A	L	E	T	E	M
W	U	I	M	W	E	A	L	W	I	C	E	L	O	M	Y
E	N	S	Y	M	R	V	Y	P	O	C	U	I	E	K	A
H	O	T	C	X	W	E	A	K	N	E	L	A	H	W	P
Y	R	Y	N	P	D	M	S	O	C	S	I	G	E	N	L
D	T	M	B	K	D	D	Y	L	A	T	A	C	H	H	P
R	C	H	G	W	I	X	T	Z	Q	J	I	C	N	Y	W
O	E	E	W	R	A	E	L	C	W	I	N	U	C	L	N
G	L	R	Z	U	Ï	Z	J	I	P	T	W	Z	G	I	W
E	E	E	V	K	L	C	X	U	X	O	E	T	G	F	Y
N	L	D	M	D	A	T	O	M	I	G	J	Z	L	F	O
I	O	D	F	N	C	X	G	I	T	B	J	C	X	B	M
R	M	B	V	E	L	A	S	I	D	Q	H	E	D	E	F
O	O	Z	R	V	A	K	U	W	L	R	W	V	O	I	C
L	C	D	H	A	V	P	D	W	O	D	X	S	O	C	L
C	Y	F	P	X	C	I	C	I	J	O	K	I	M	I	D

ASID
ALCALÏAIDD
ATOMIG
CARBON
CATALYDD
GWRES
CLORIN
ENSYM
ELECTRON
NWY
HYDROGEN
ION
HYLIF
METELAU
MOLECIWL
NIWCLEAR
OCSIGEN
PWYSAU
HALEN
TYMHEREDD

99 - Bateaux

B	C	U	J	Z	L	F	Z	A	C	M	W	Y	A	F	C
X	W	T	A	E	S	F	F	I	L	A	T	V	A	J	W
A	F	O	N	C	H	A	T	E	O	X	N	Q	L	A	C
T	O	N	N	A	U	H	G	S	R	J	Y	Ŵ	X	T	H
I	T	F	R	Q	W	R	F	B	W	I	L	L	Q	G	H
A	J	L	X	F	A	A	B	D	R	Q	L	Y	S	W	W
F	O	Q	T	C	O	Y	F	D	O	I	L	Y	W	H	Y
C	E	F	N	F	O	R	M	G	M	M	J	G	W	F	L
C	W	S	A	E	L	O	Ô	M	L	P	O	T	Z	J	I
A	D	N	I	P	Q	G	R	E	T	U	C	R	Y	B	O
I	Q	C	R	B	C	N	L	L	A	N	W	E	W	A	E
A	W	W	I	H	R	A	O	H	G	Y	Y	B	V	R	T
C	J	N	E	K	I	A	Z	O	K	R	U	B	L	C	K
V	U	C	P	T	W	M	C	R	R	P	W	D	L	A	K
S	L	S	C	M	P	J	J	K	P	U	T	F	U	N	T
Q	I	N	I	S	Q	A	W	L	B	M	P	M	E	C	Z

ANGOR
PRYNU
CANŴ
RHAFF
CRIW
FFERI
AFON
CAIAC
LLYN
LLANW
MORWR
MWYAF
MÔR
PEIRIANT
MORWROL
CEFNFOR
LLU
TONNAU
CWCH HWYLIO
HWYLIO

100 - Mesures

D	G	K	O	C	C	J	C	D	P	P	V	Z	L	G	H
M	R	D	W	C	A	O	I	Q	M	O	D	F	E	D	D
Q	A	F	N	Y	N	B	L	M	À	S	E	F	S	R	D
M	M	T	S	F	O	A	O	T	S	A	L	T	W	R	N
G	E	Q	C	R	L	C	G	T	N	W	L	Z	R	C	O
Q	R	S	O	O	F	L	R	E	D	N	F	Y	D	F	L
Q	X	A	U	L	A	B	A	K	U	A	S	Y	W	P	P
H	Y	D	D	R	N	K	M	E	N	M	O	G	F	D	E
N	T	D	C	D	Y	Q	J	I	U	Y	L	G	K	C	I
L	I	T	R	I	B	D	U	L	M	E	P	C	N	P	N
L	P	P	I	U	Y	Y	D	H	Y	F	A	X	L	N	T
E	D	Y	Q	E	U	C	H	D	E	R	Z	V	K	J	M
N	W	E	L	Z	B	D	N	E	R	N	L	Z	F	J	N
N	Z	L	B	W	Y	O	D	E	G	O	L	P	X	H	T
U	Y	X	X	D	X	C	E	K	F	E	N	U	R	O	E
T	B	E	I	J	Q	J	J	B	O	L	D	H	J	L	H

CANOLFAN
GRADD
DEGOL
GRAM
UCHDER
CILOGRAM
LLED
LITR
HYD
MÀS
MESURYDD
MUNUD
BEIT
OWNS
PEINT
PWYSAU
MODFEDD
DYFNDER
TUNNELL
CYFROL

1 - Adjectifs #2

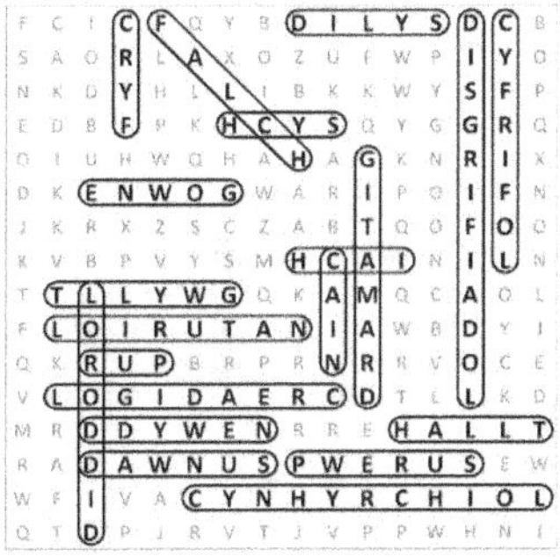

2 - Force et Gravité

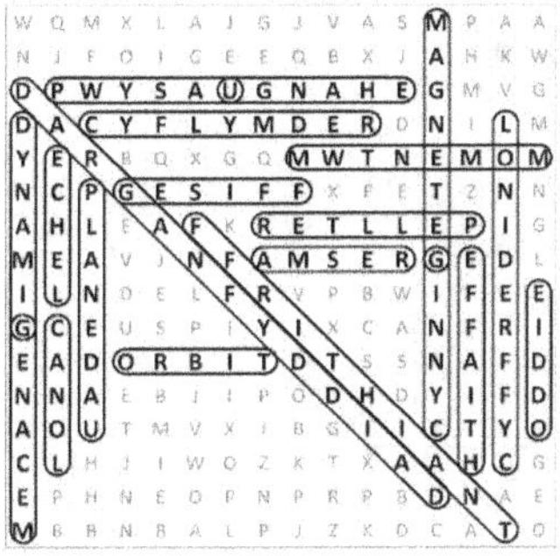

3 - Adjectifs #1

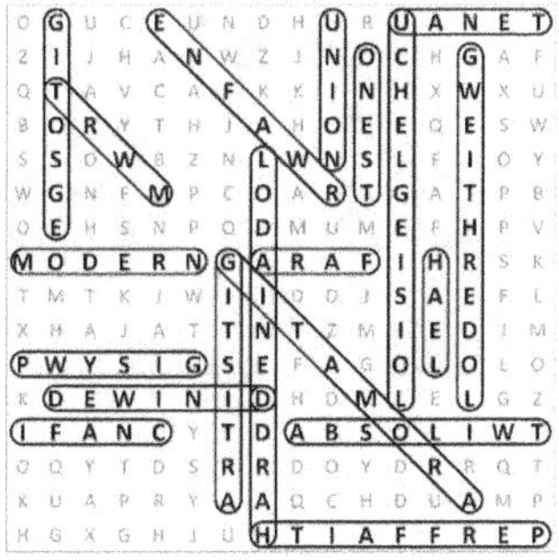

4 - Échecs

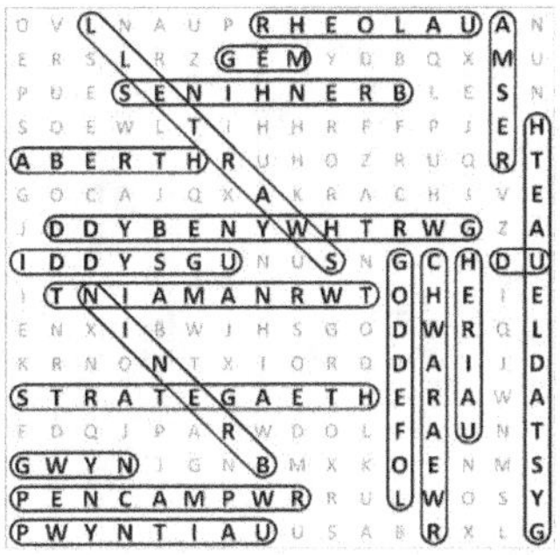

5 - Herboristerie

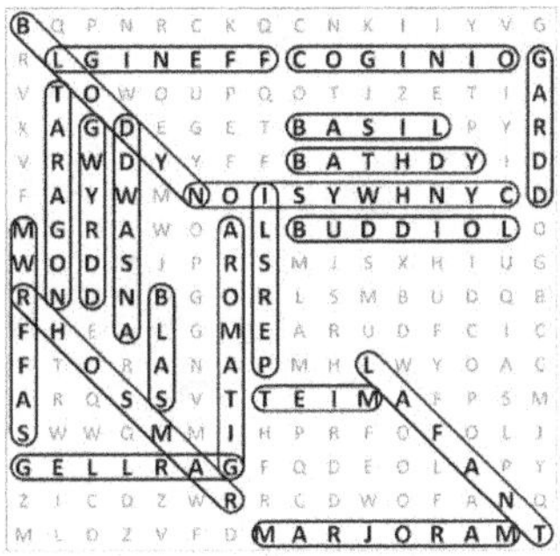

6 - Véhicules

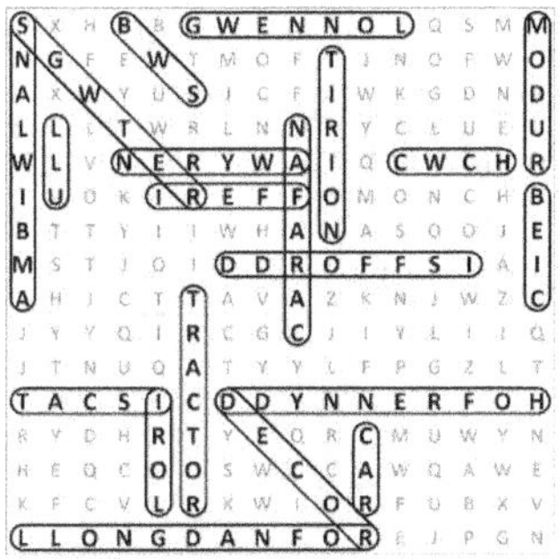

7 - Camping

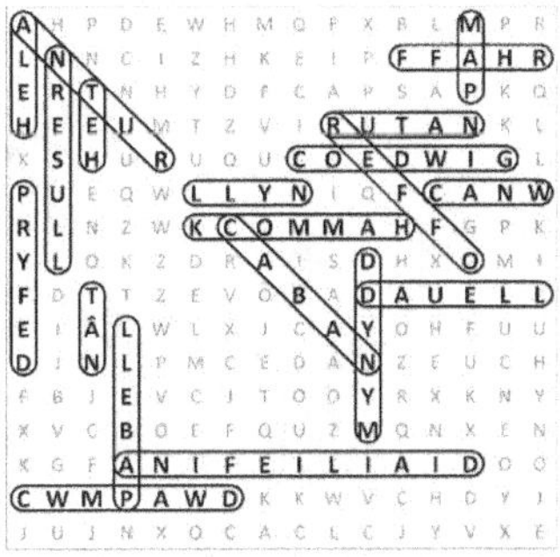

8 - Écologie

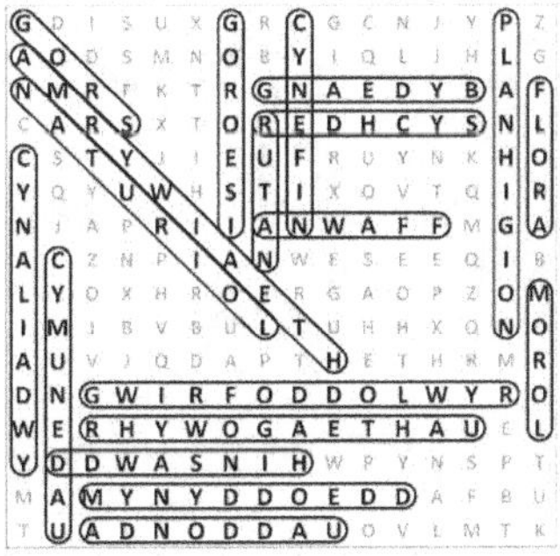

9 - Géométrie

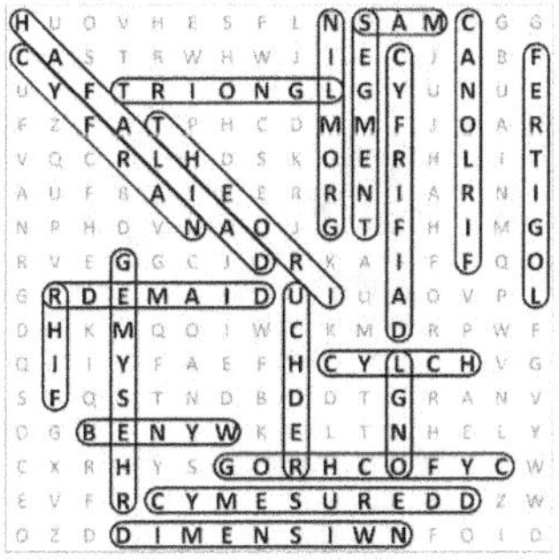

10 - Les Médias

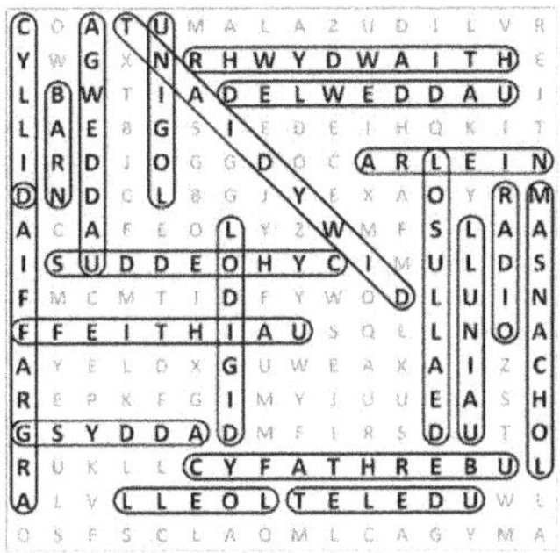

11 - Philanthropie

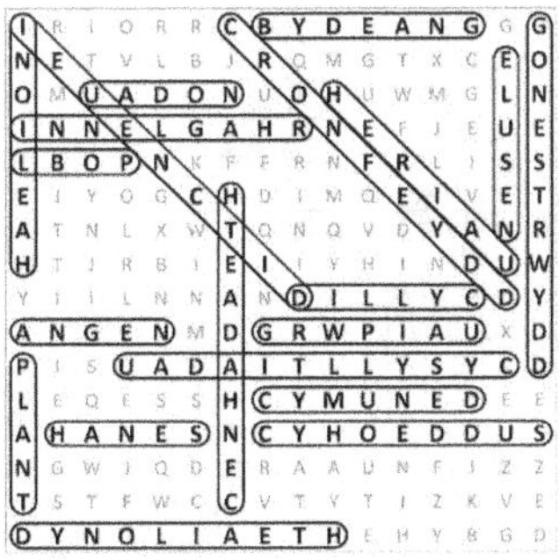

12 - Diplomatie

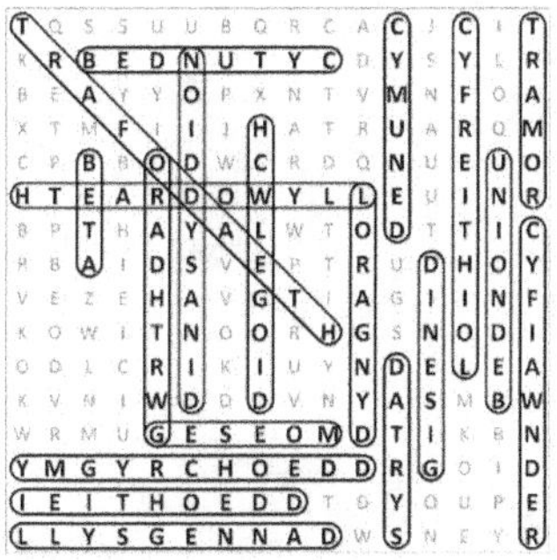

13 - Électricité

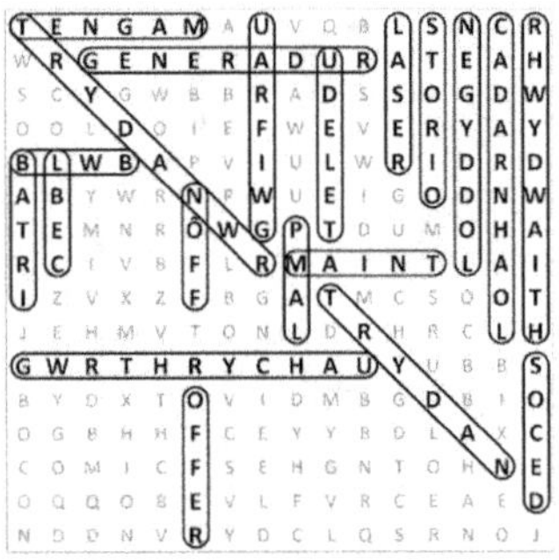

14 - Astronomie

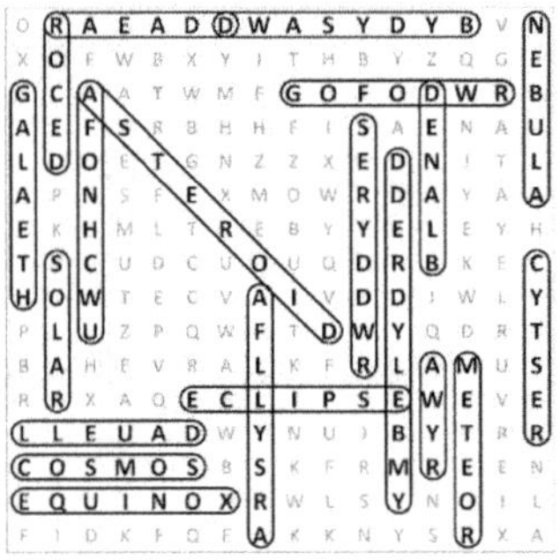

15 - Physique

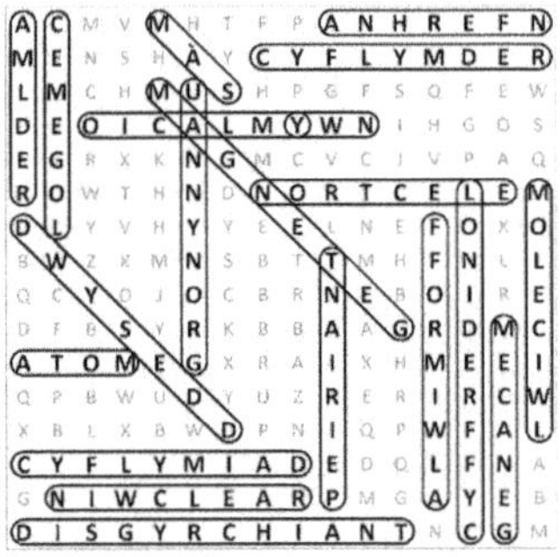

16 - Types de Cheveux

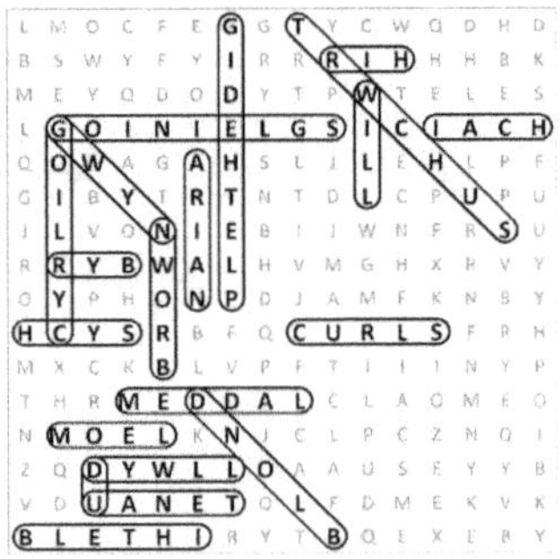

17 - Archéologie

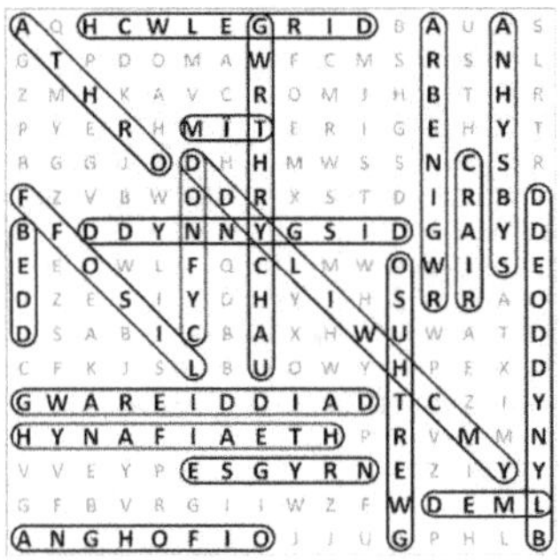

18 - Mammifères

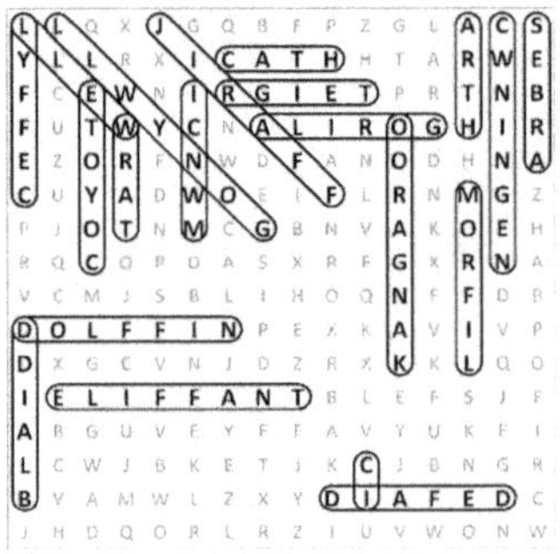

19 - Chocolat

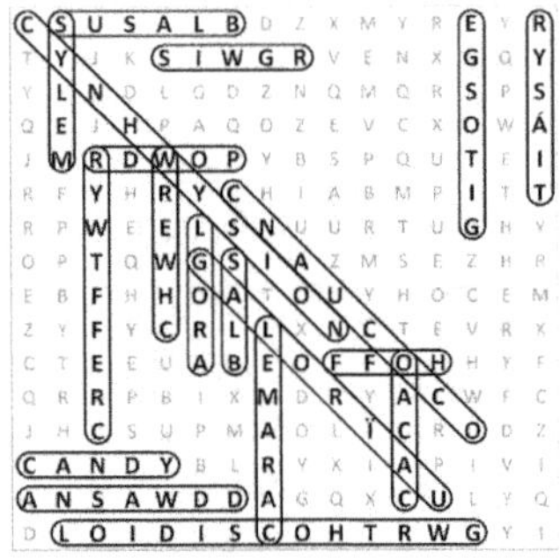

20 - Mathématiques

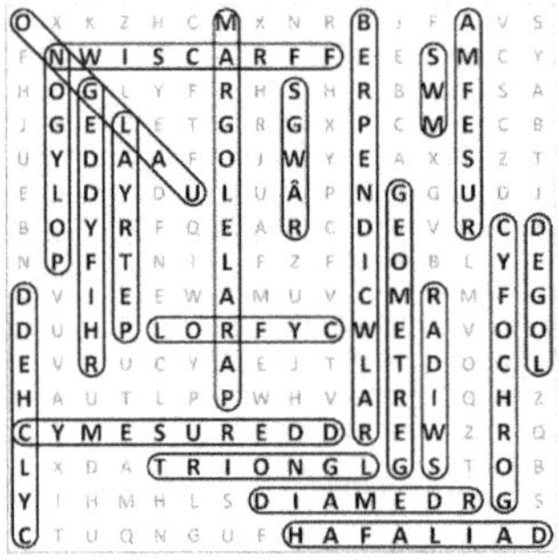

21 - Sport

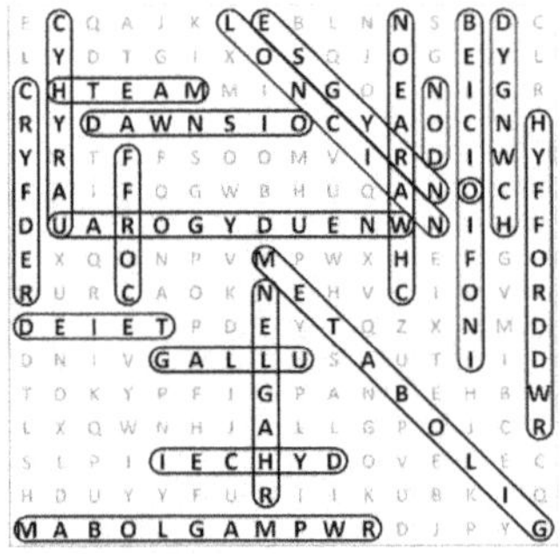

22 - Mythologie

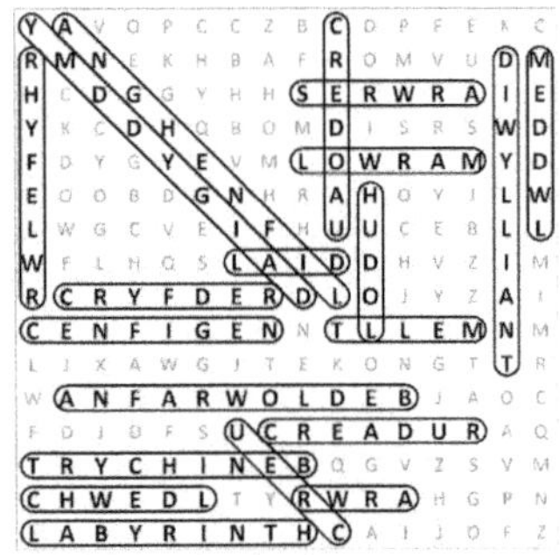

23 - Beauté

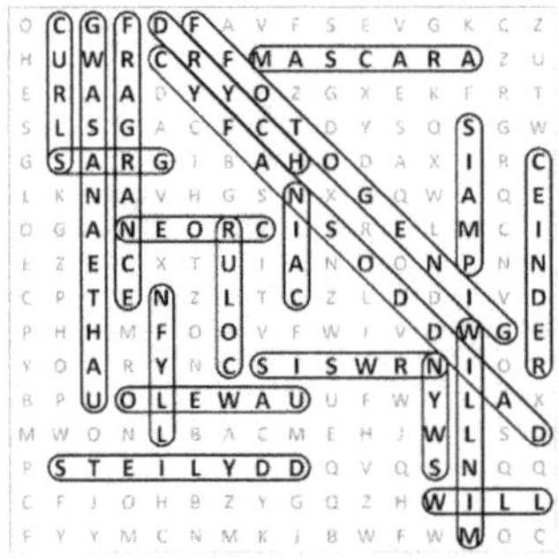

24 - Avions

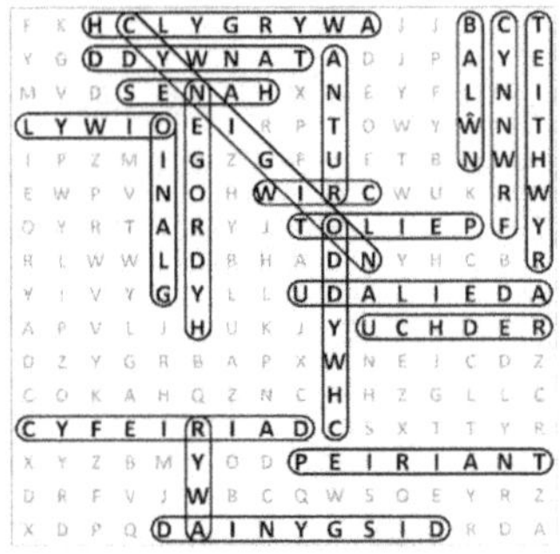

25 - Aventure

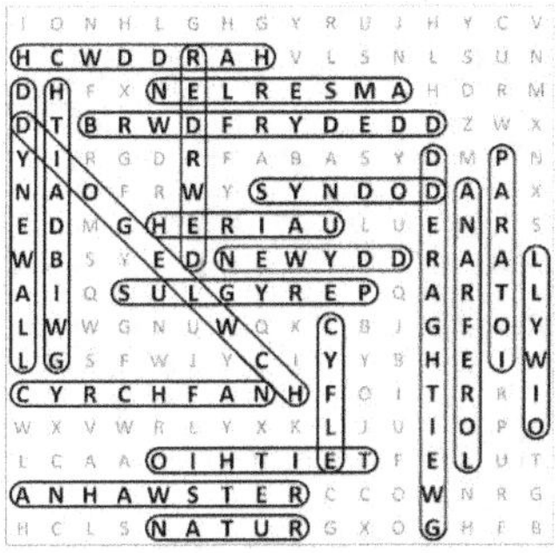

26 - Ville

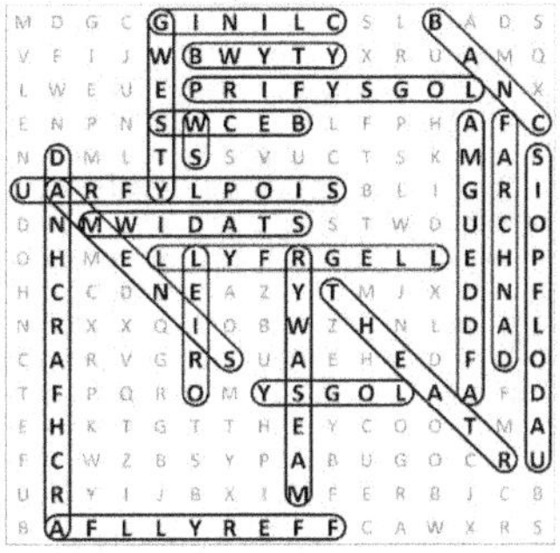

27 - Ingénierie

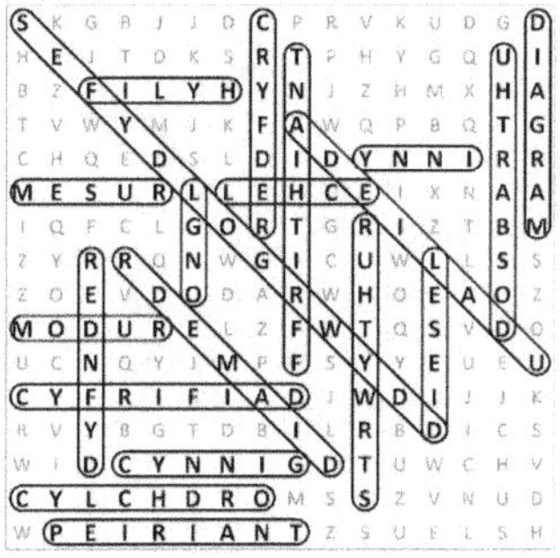

28 - Énergie

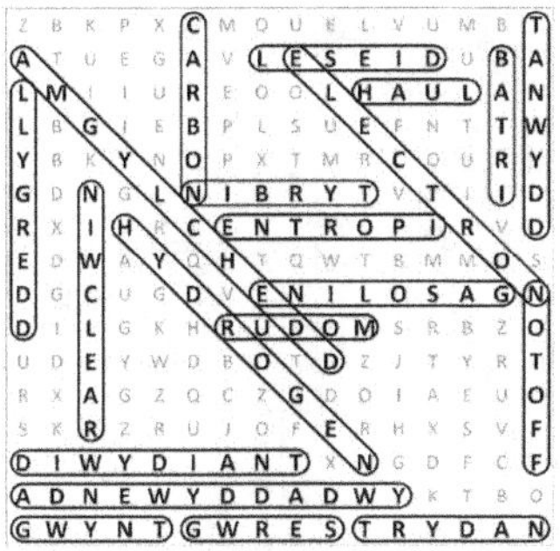

29 - Cuisine

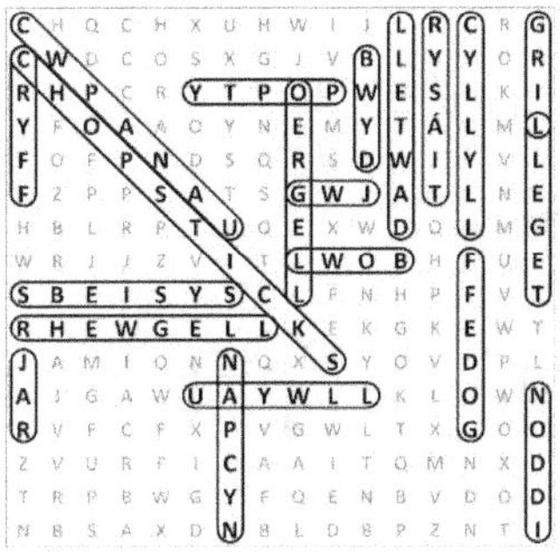

30 - Corps Humain

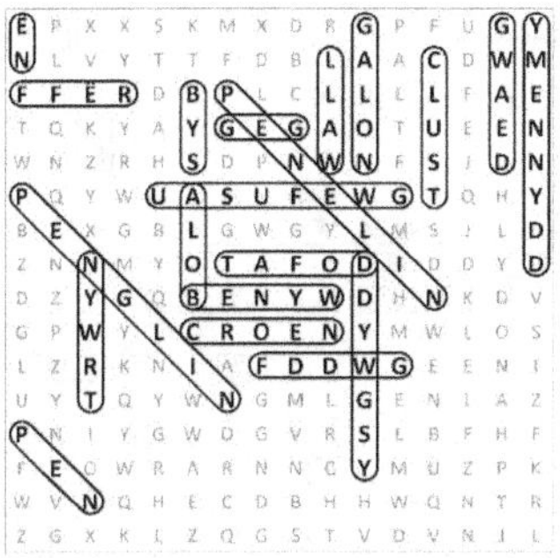

31 - Biologie

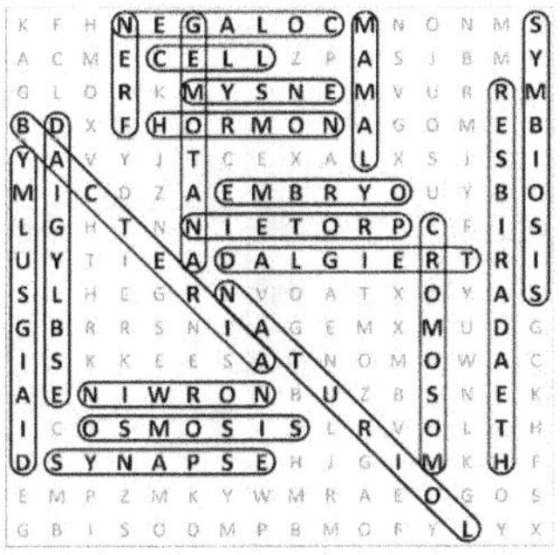

32 - Épices

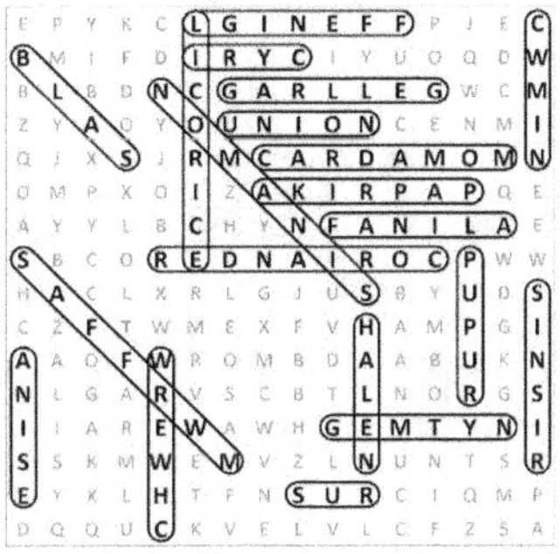

33 - Agronomie

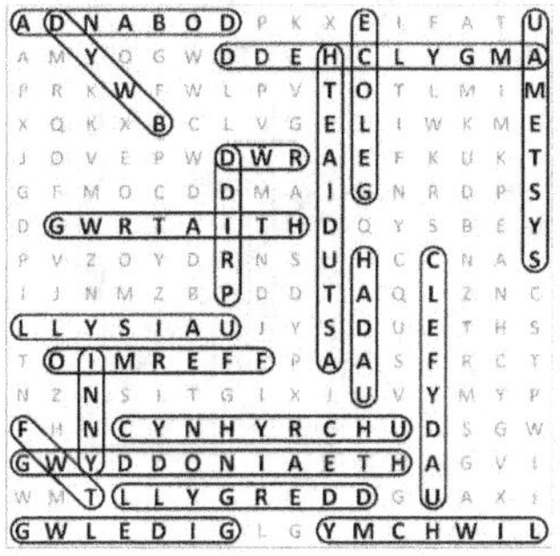

34 - Science

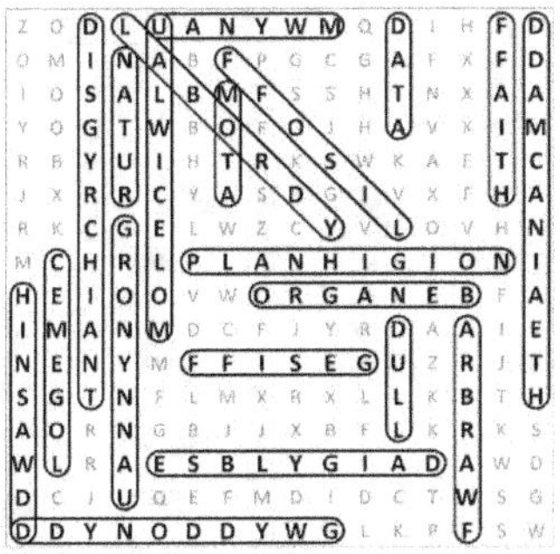

35 - Vêtements

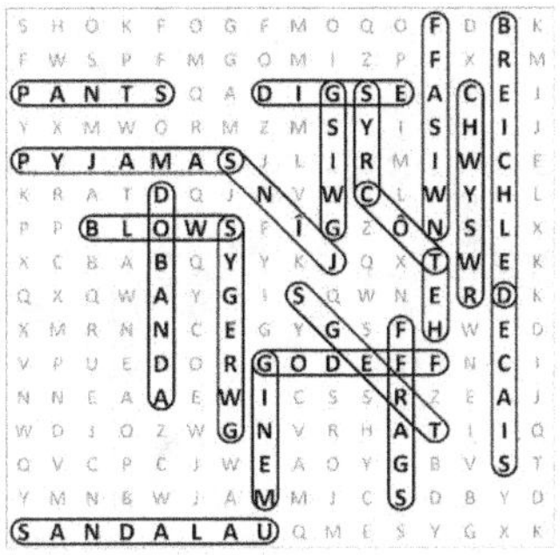

36 - Méditation

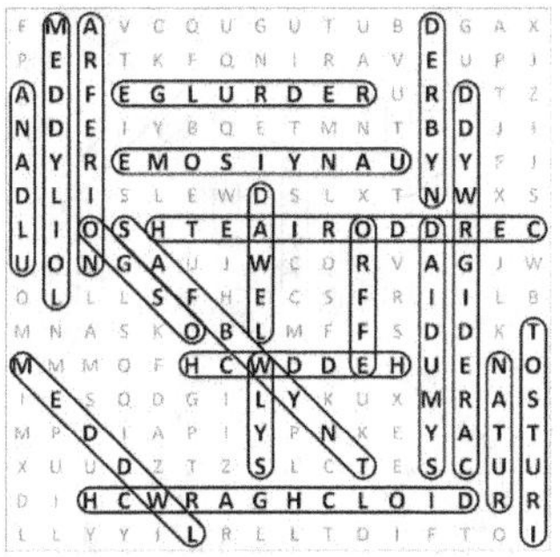

37 - Littérature

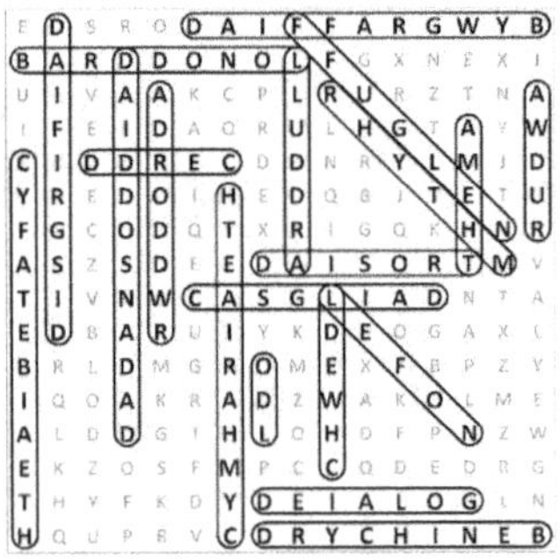

38 - Nourriture #1

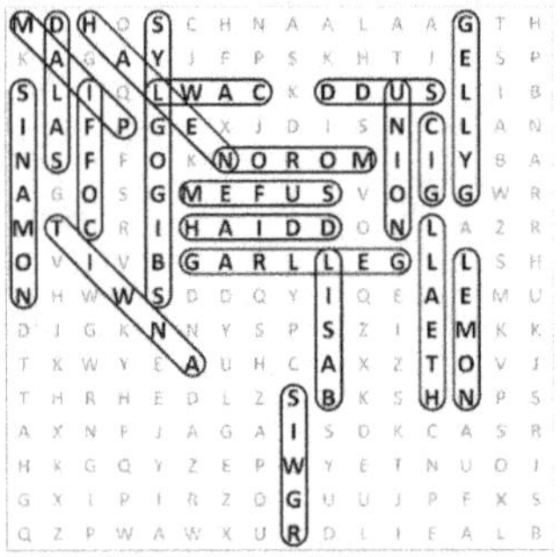

39 - Jours et Mois

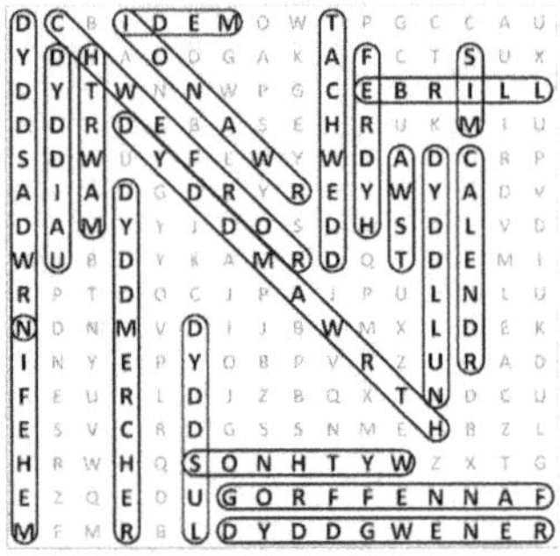

40 - Jardinage

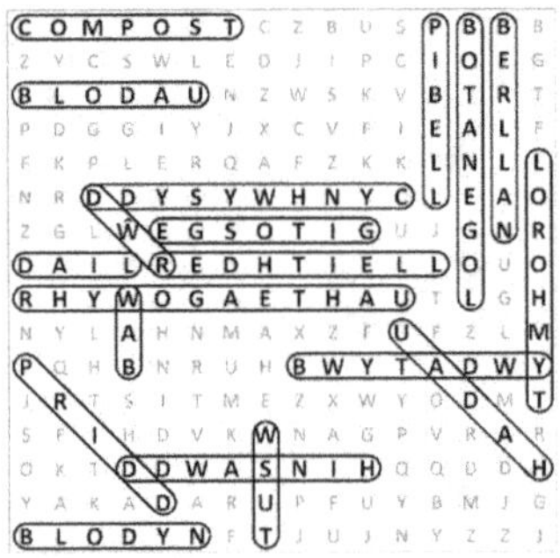

41 - Entreprise

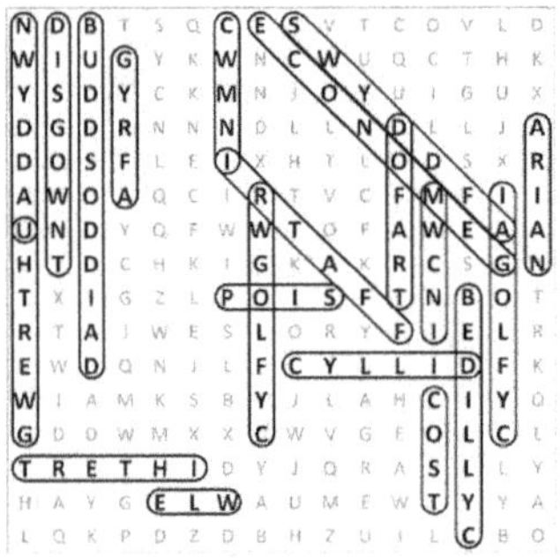

42 - Activités

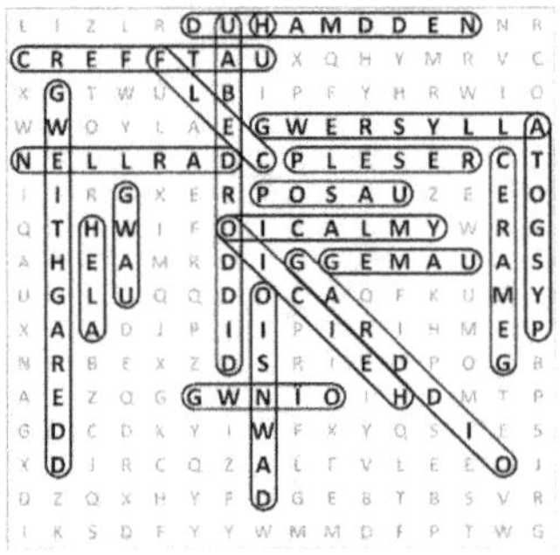

43 - Mode

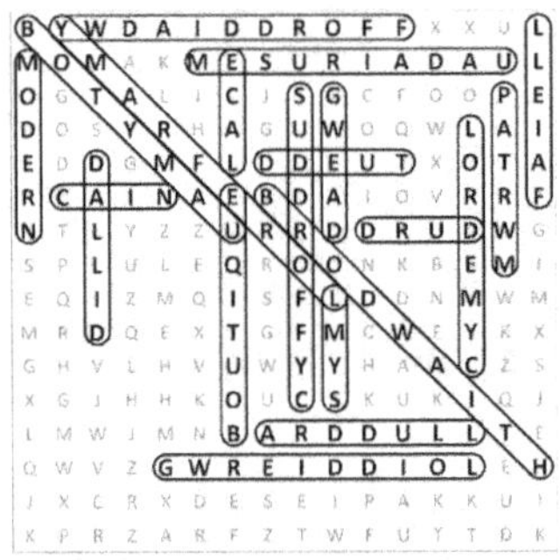

44 - Nourriture #2

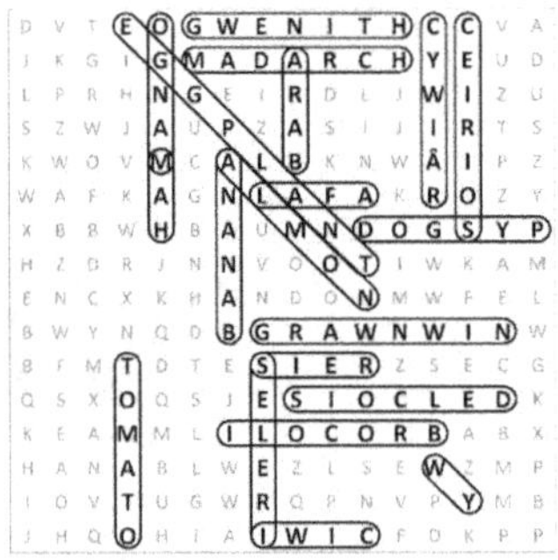

45 - Algèbre

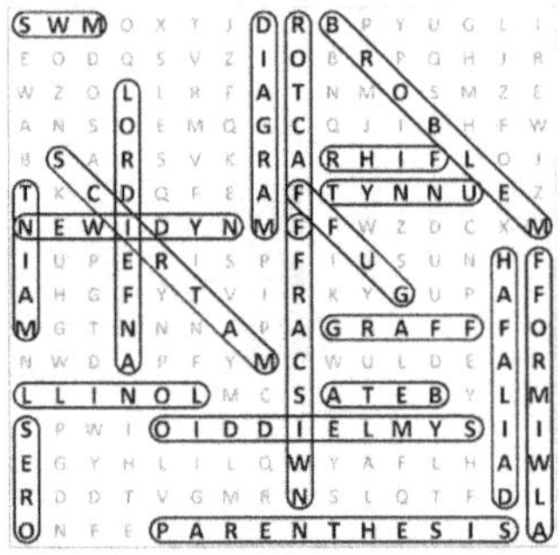

46 - Océan

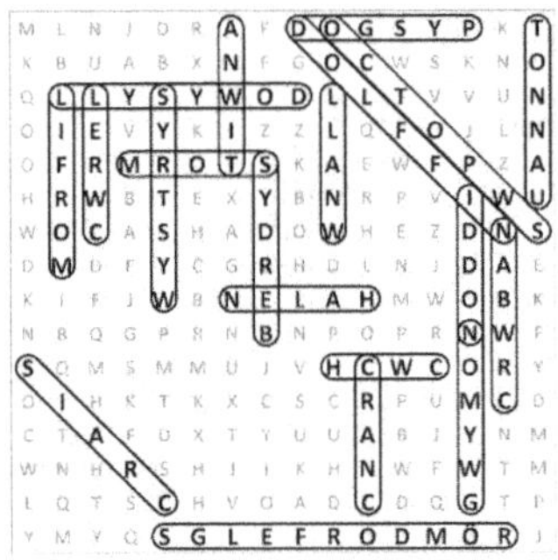

47 - Remplir

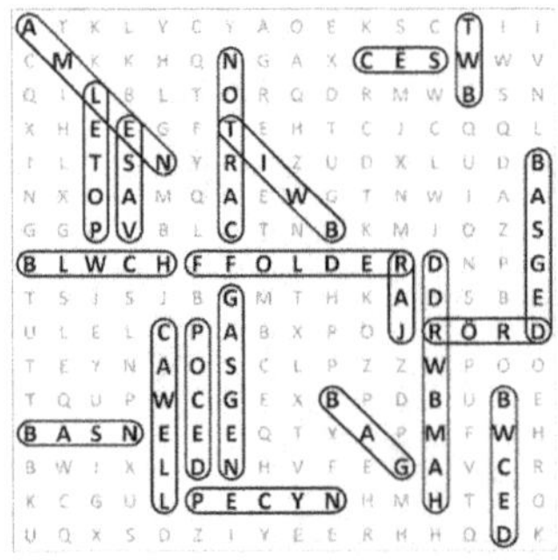

48 - Antiquités

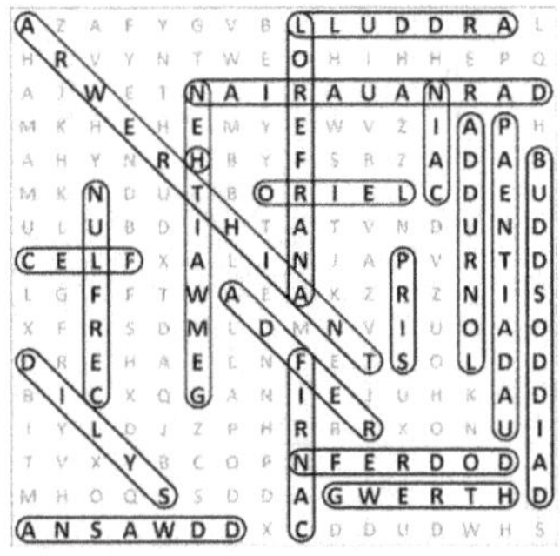

49 - Boxe

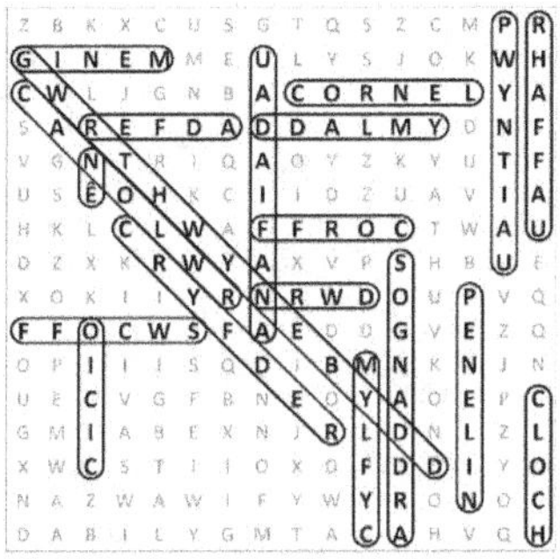

50 - Réchauffement Cli

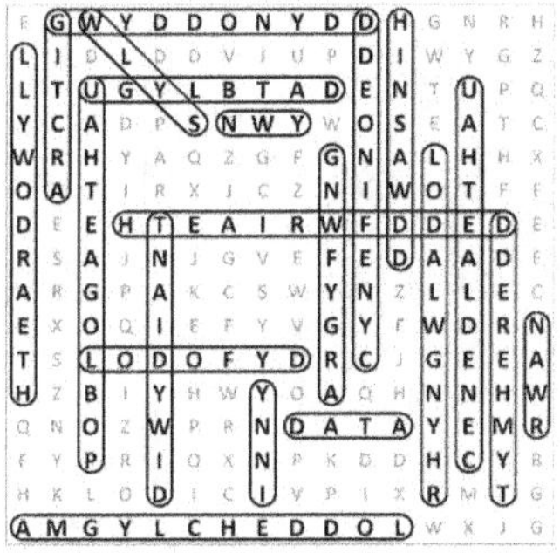

51 - Ballet

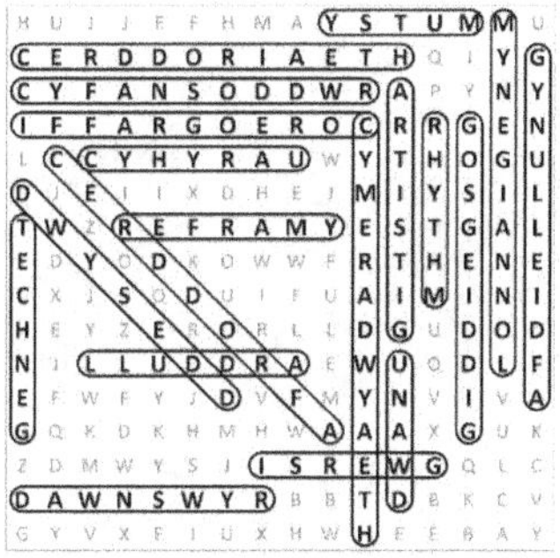

52 - Fruit

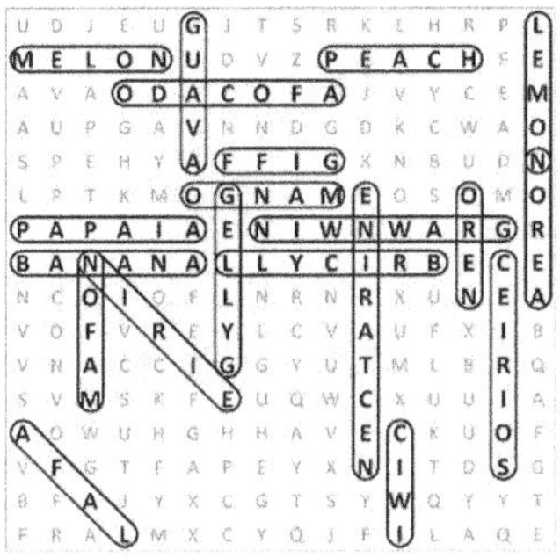

53 - Musique

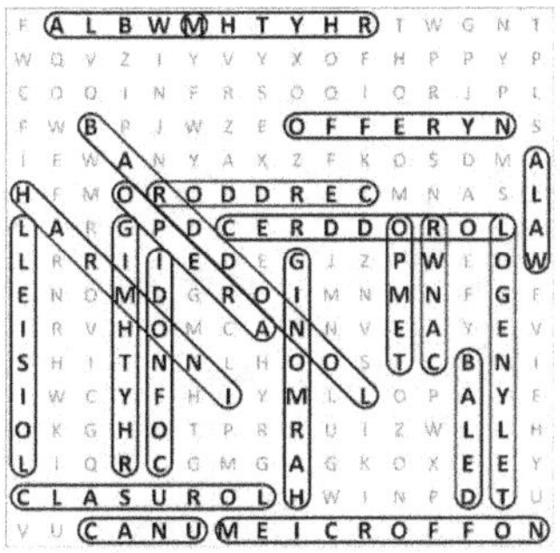

54 - Météo

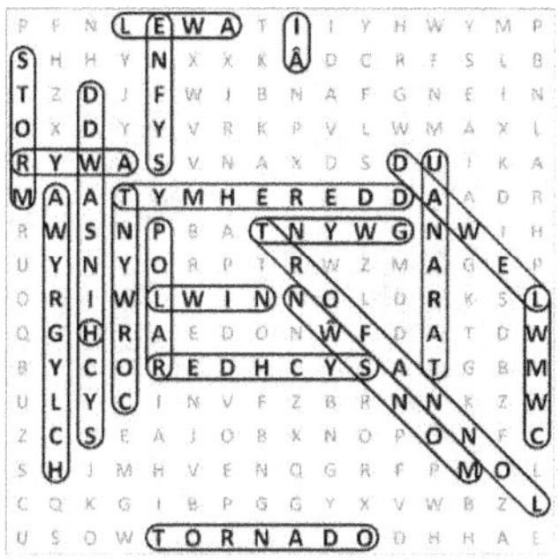

55 - L'Entreprise

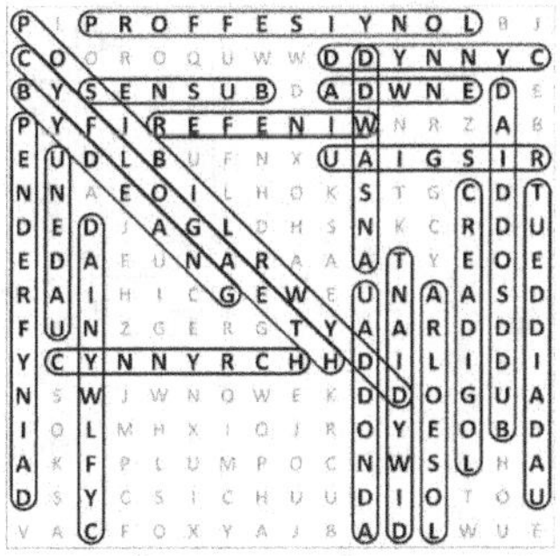

56 - Gouvernement

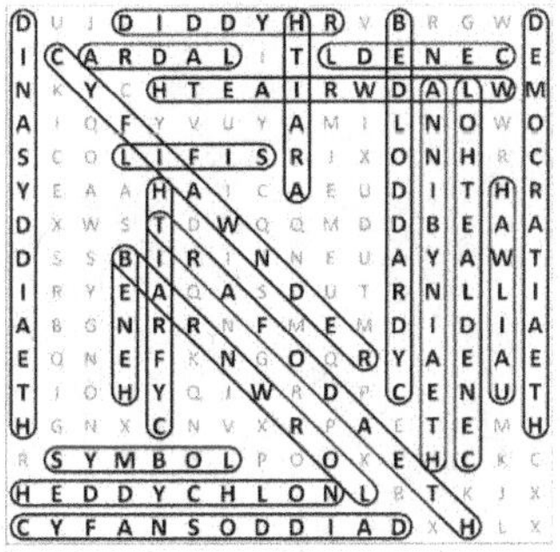

57 - Randonnée

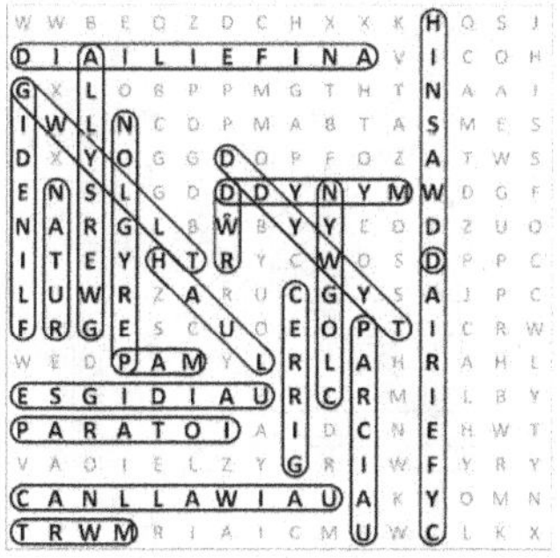

58 - Art

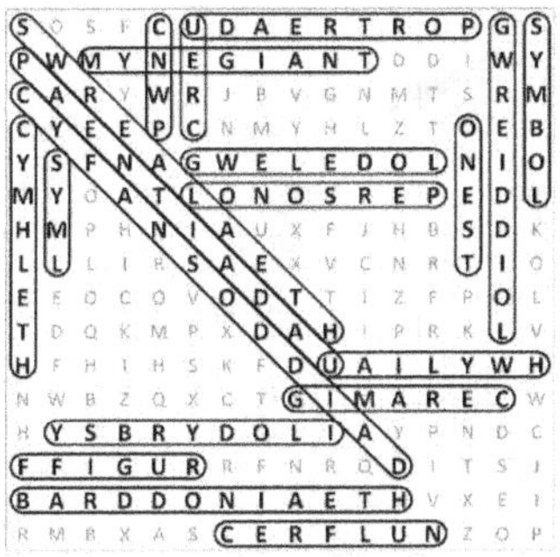

59 - Nutrition

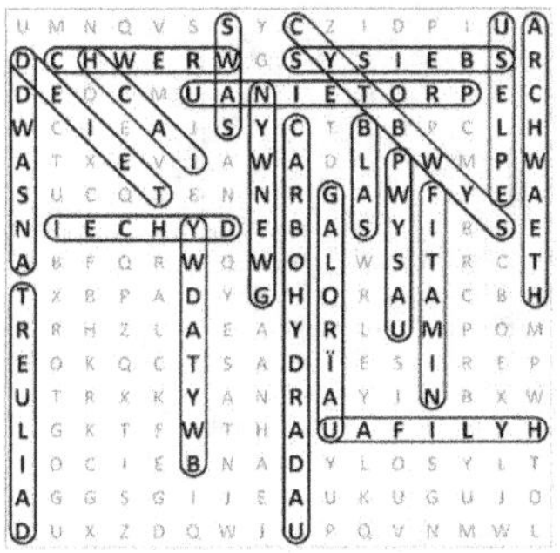

60 - Créativité

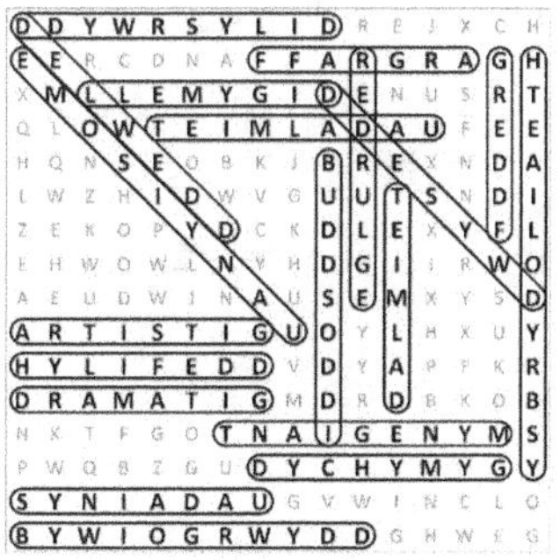

61 - Science Fiction

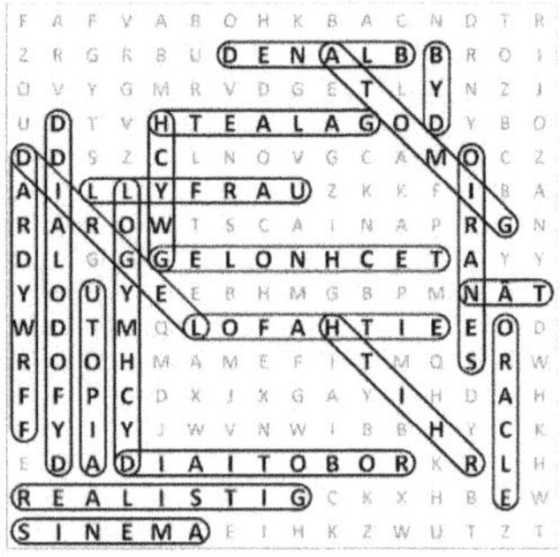

62 - Professions #1

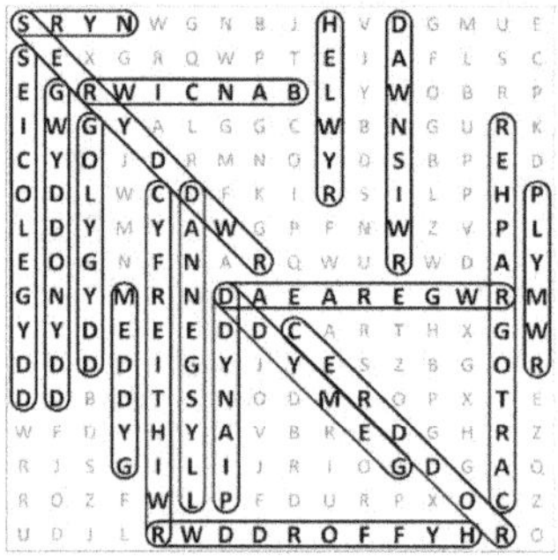

63 - Géologie

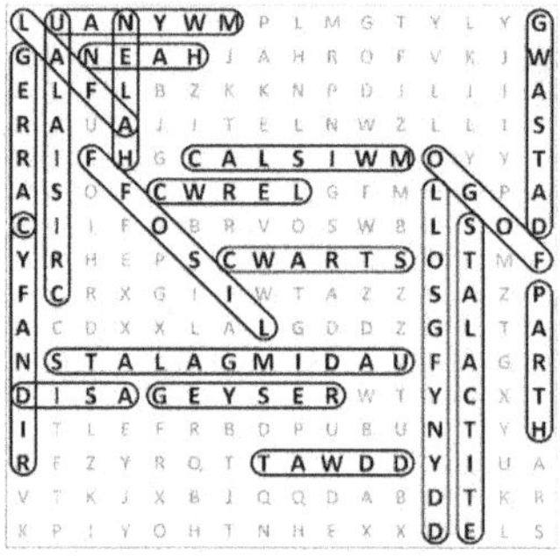

64 - Jardin

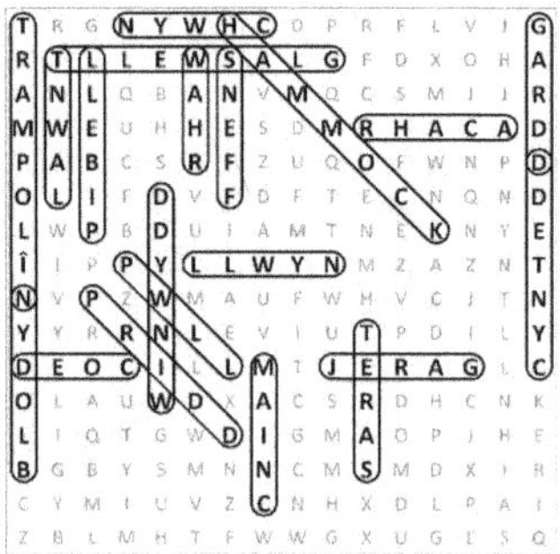

65 - Santé et Bien Être #1

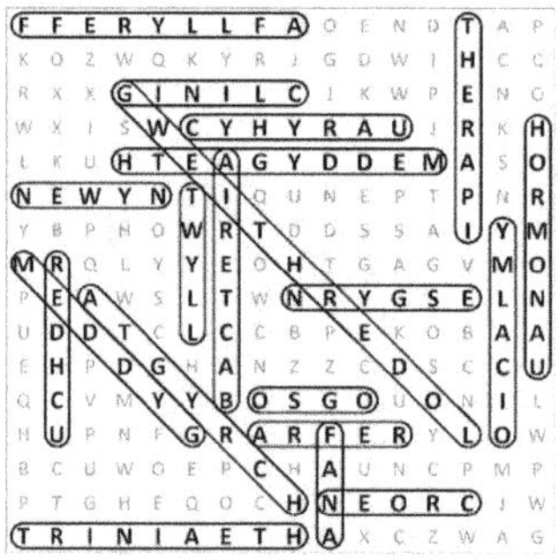

66 - Barbecues

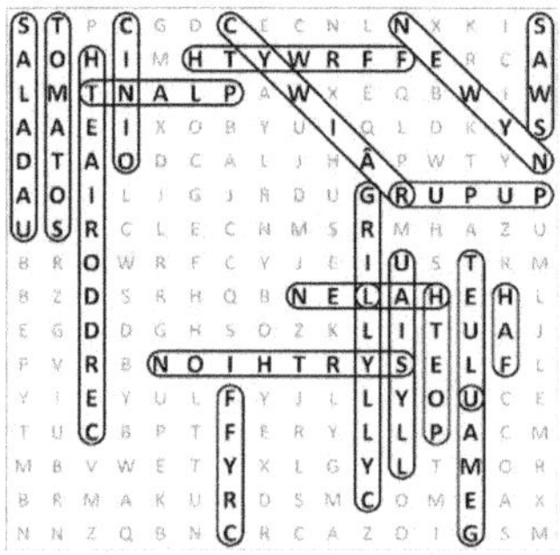

67 - Forêt Tropicale

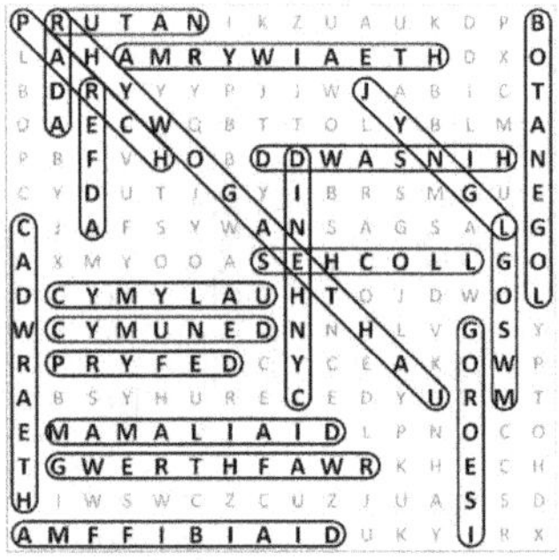

68 - Ferme #1

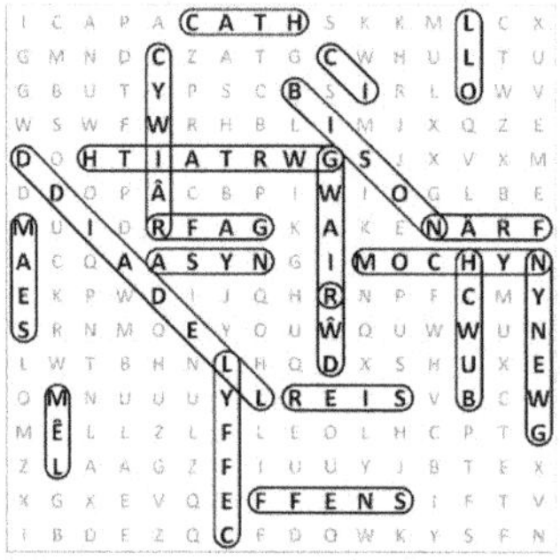

69 - Escalade

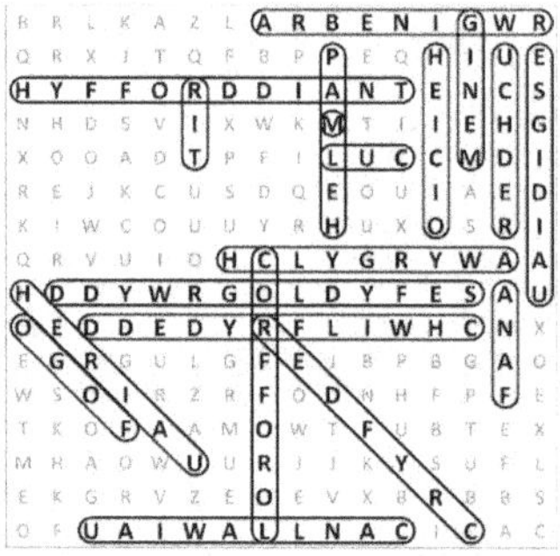

70 - Café

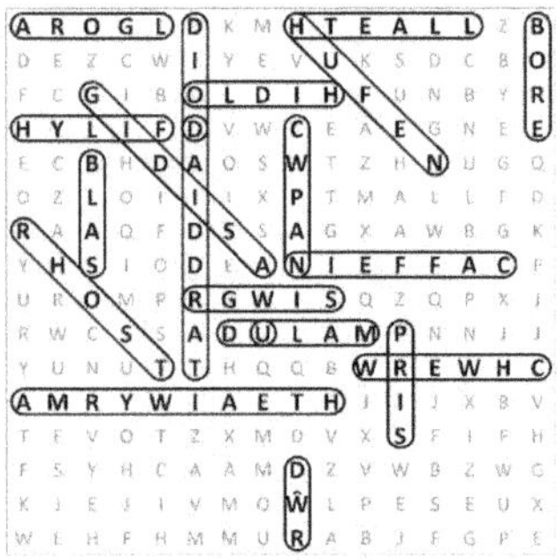

71 - Antarctique

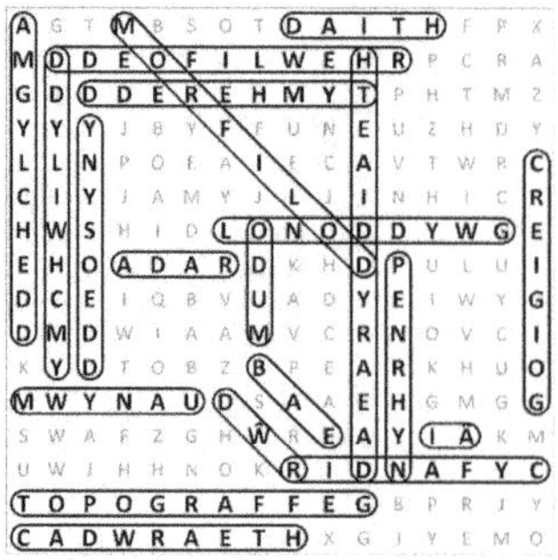

72 - Professions #2

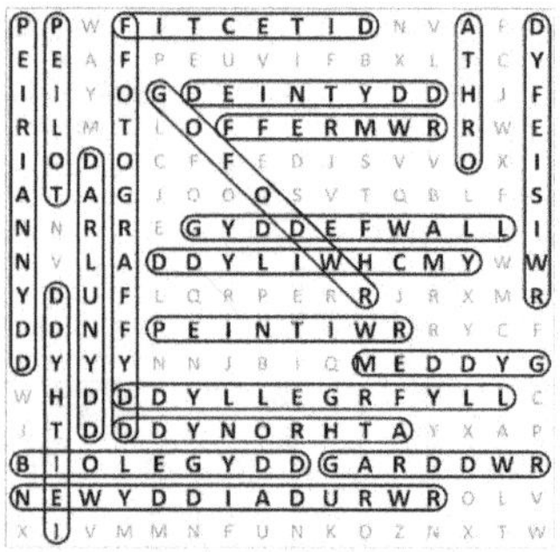

73 - Les Abeilles

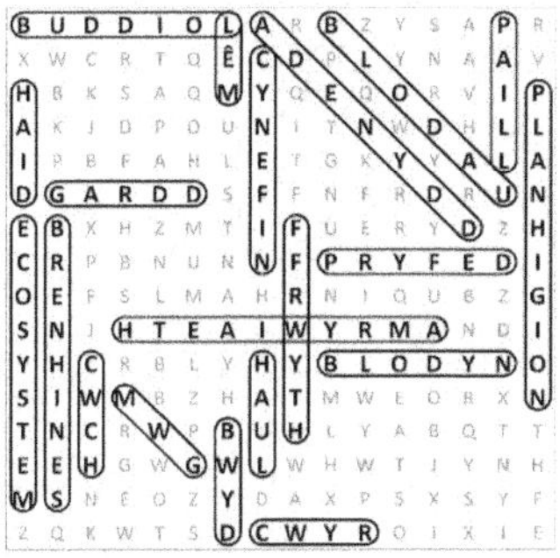

74 - Santé et Bien Être #2

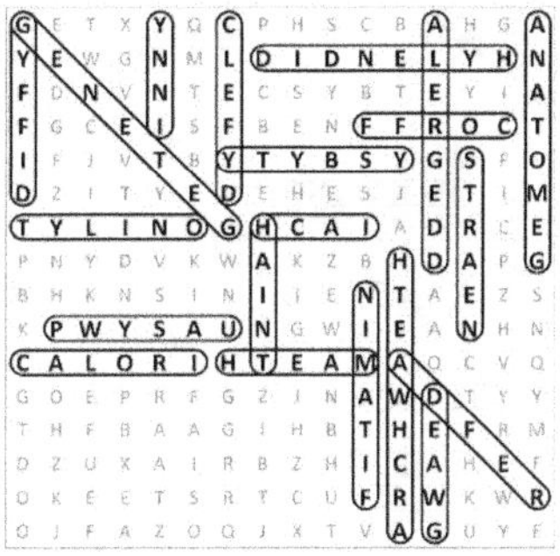

75 - Conduite

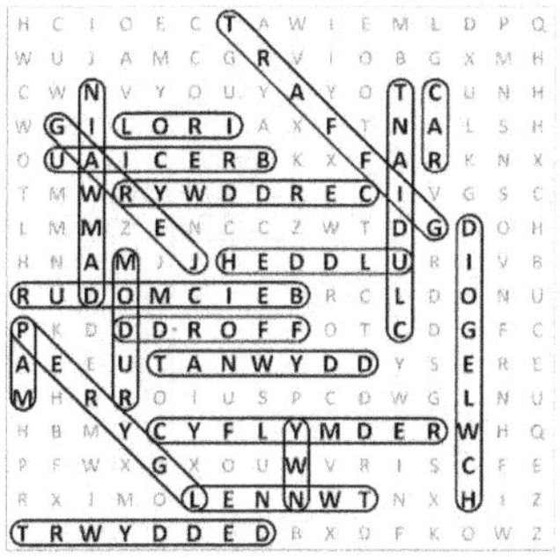

76 - Plantes

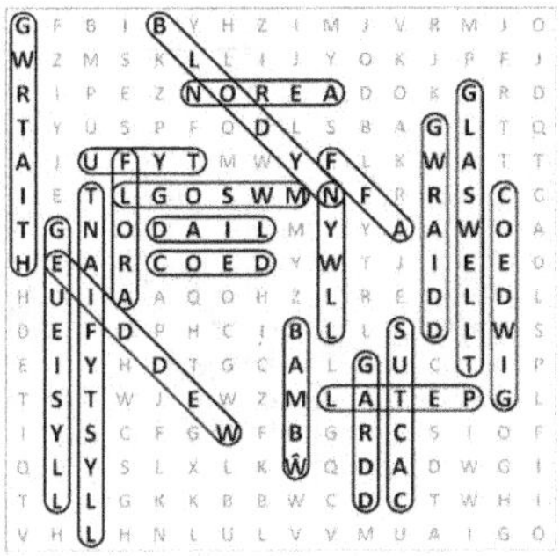

77 - Ferme #2

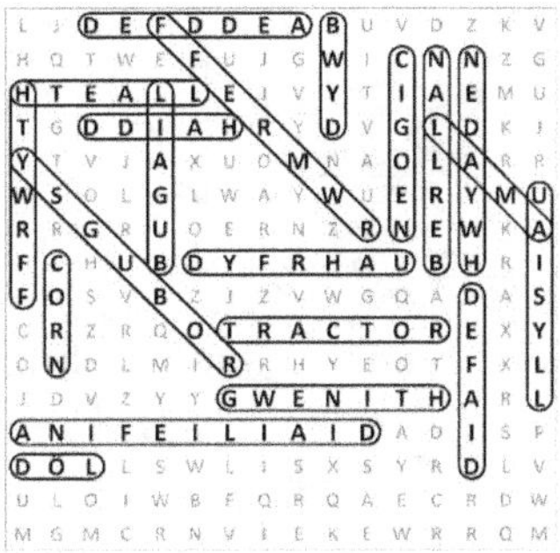

78 - Vacances #2

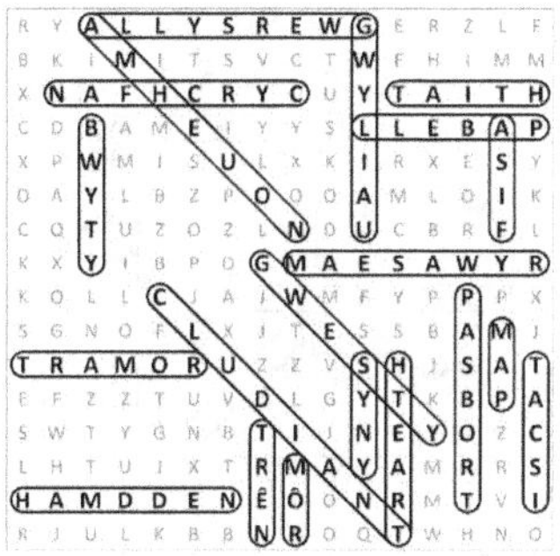

79 - Temps

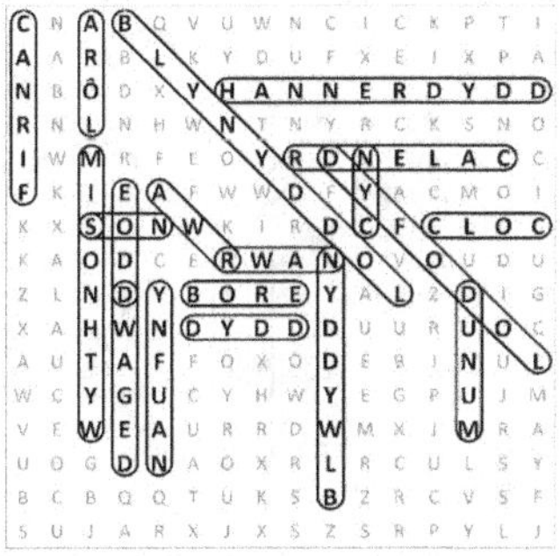

80 - Maison

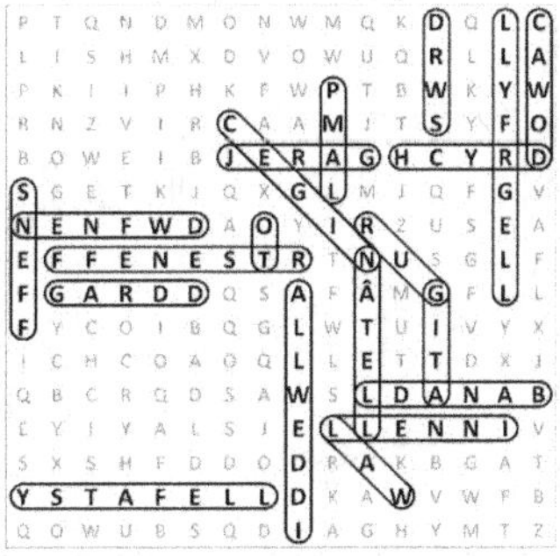

81 - Légumes

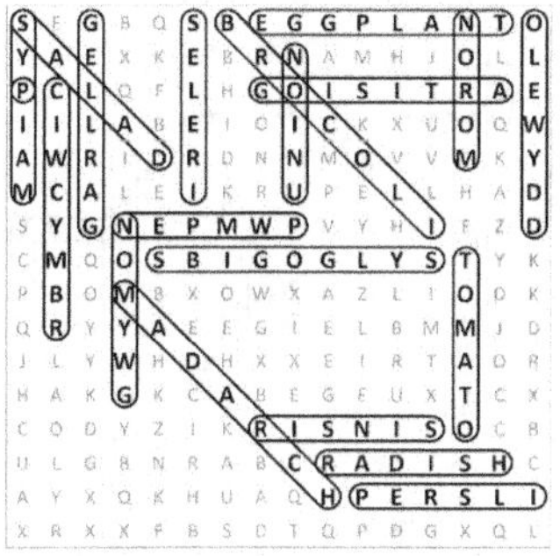

82 - Famille

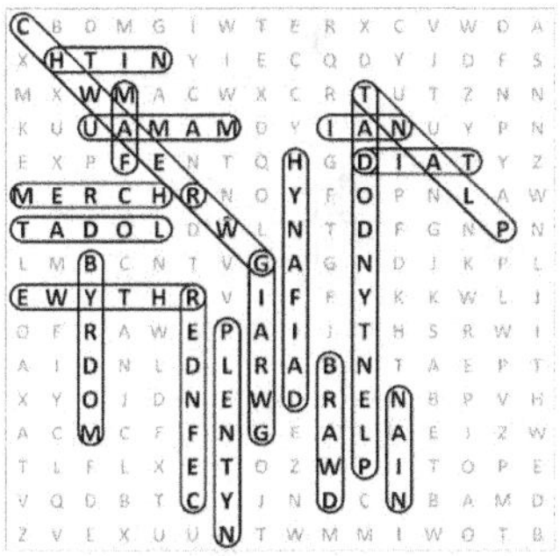

83 - Oiseaux

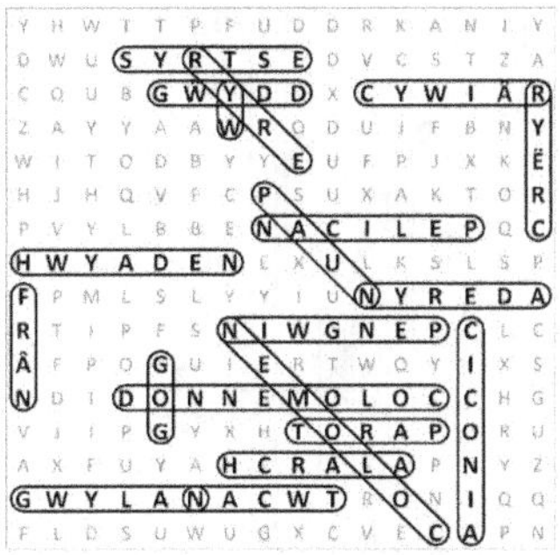

84 - Disciplines Scientifiques

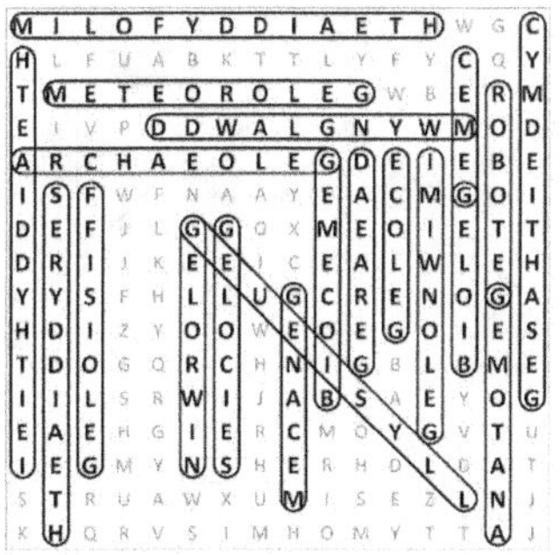

85 - Maladie

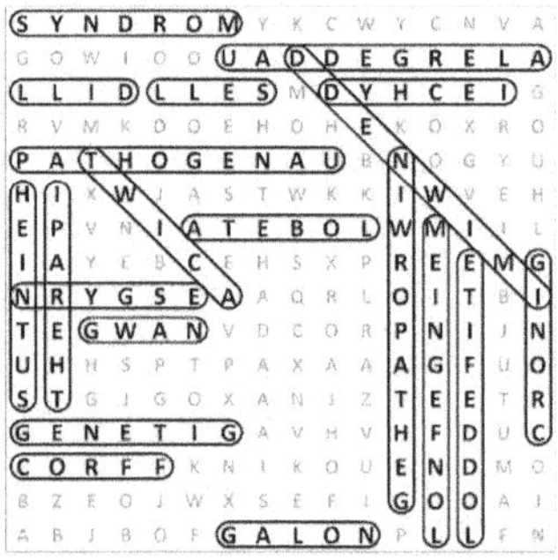

86 - Émotions

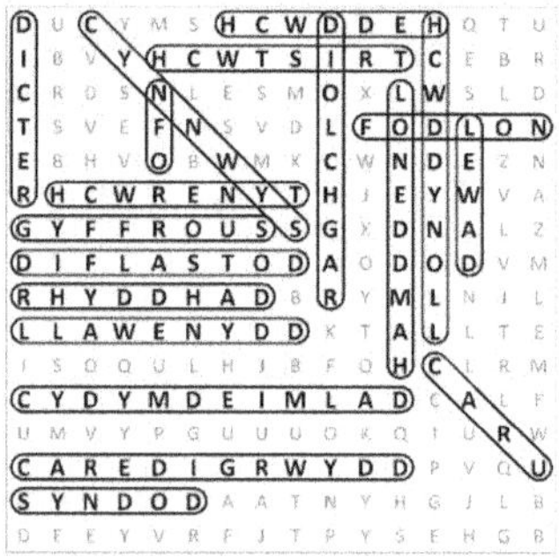

87 - Univers

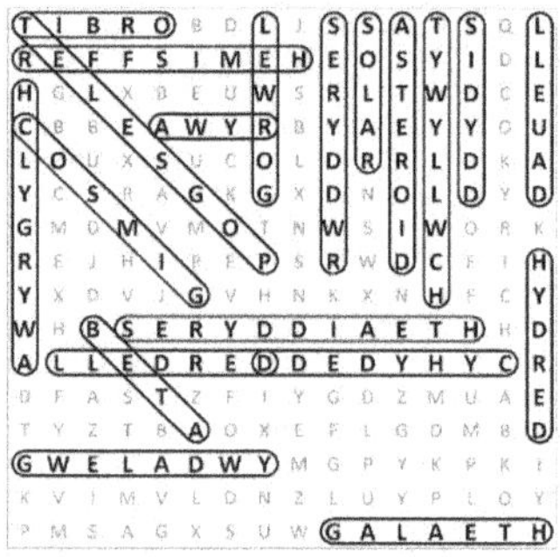

88 - Géographie

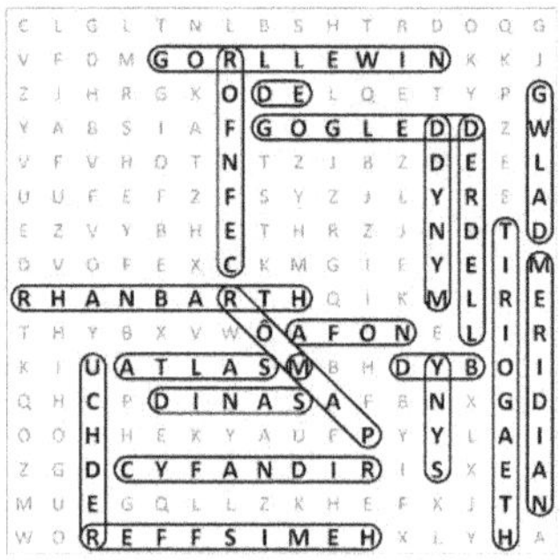

89 - Danse

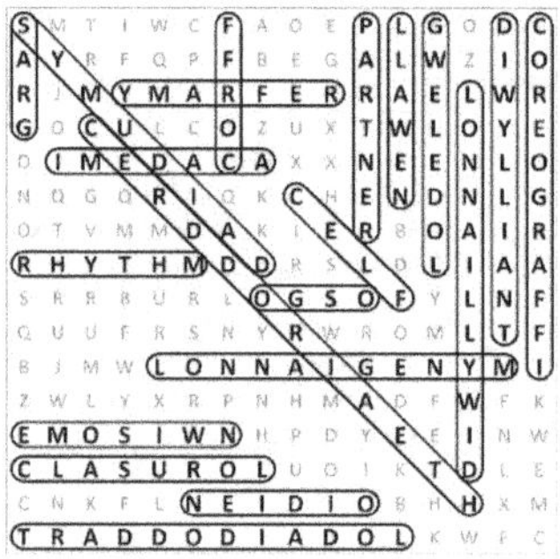

90 - Bâtiments

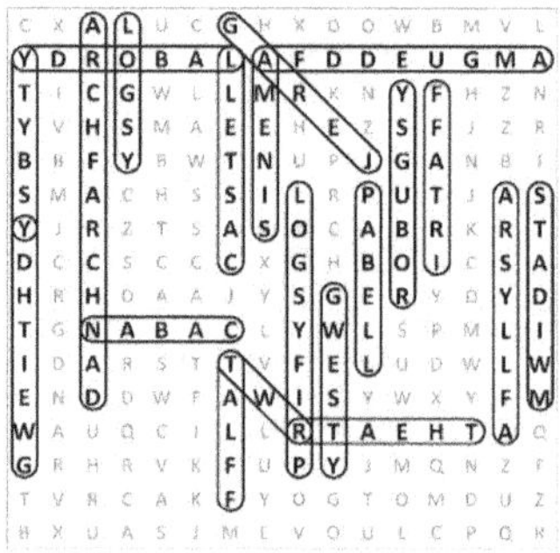

91 - Livres

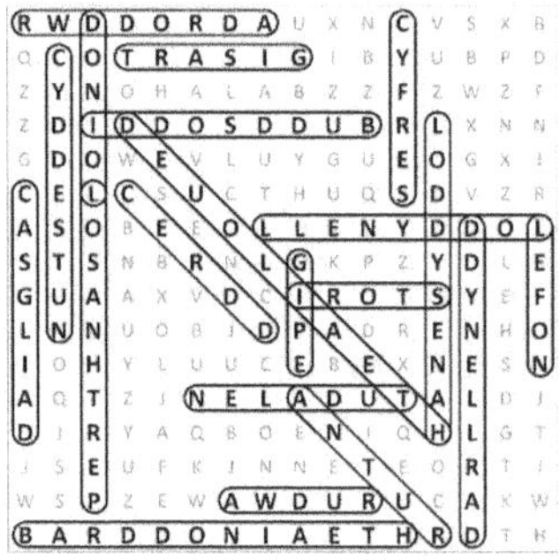

92 - Pays #2

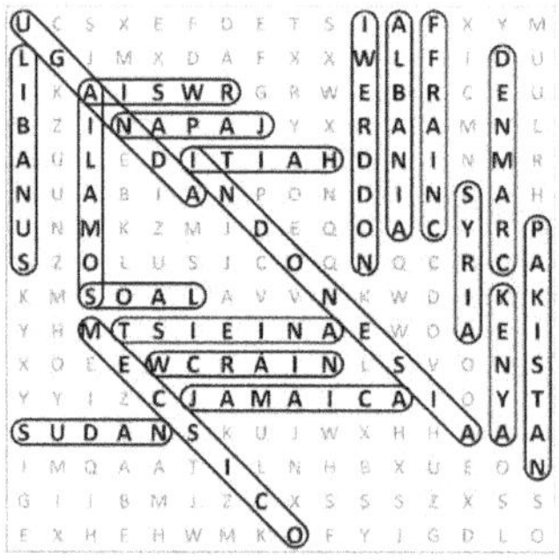

93 - Jazz

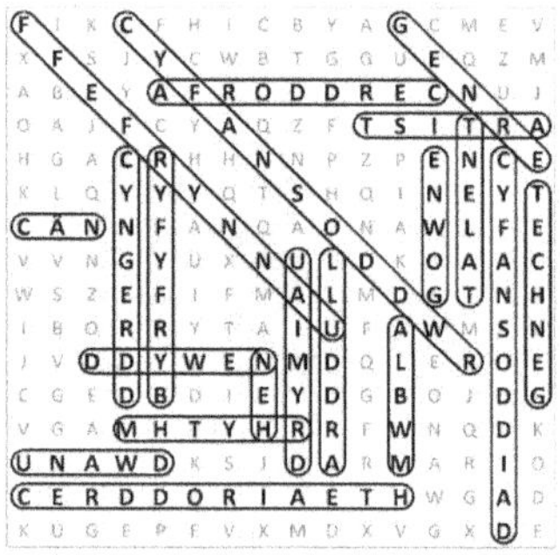

94 - Paysages

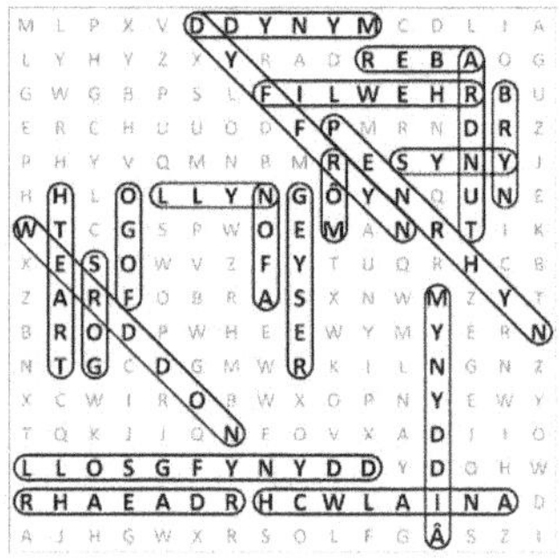

95 - Pays #1

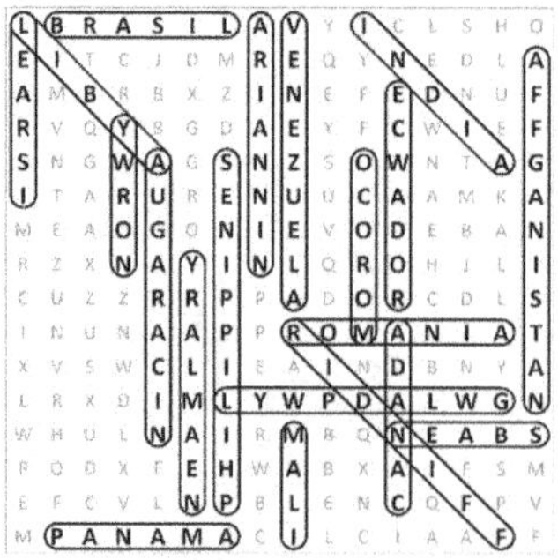

96 - Psychologie

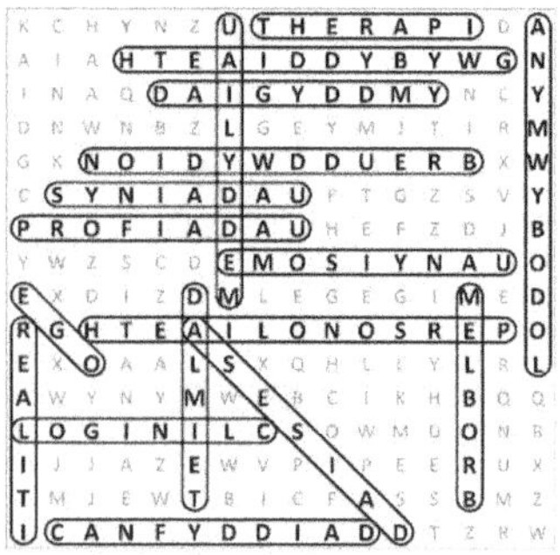

97 - Nature

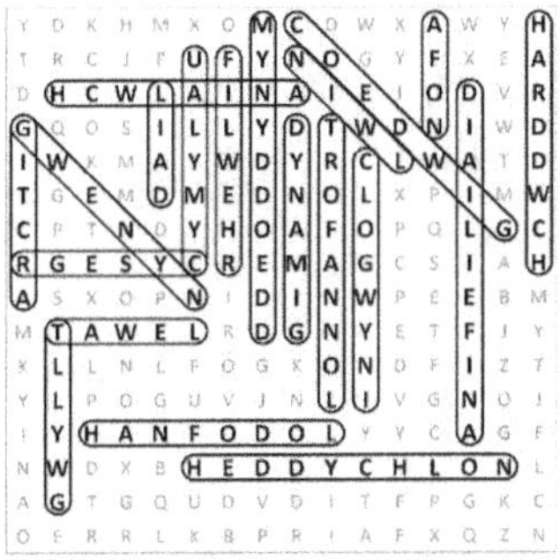

98 - Chimie

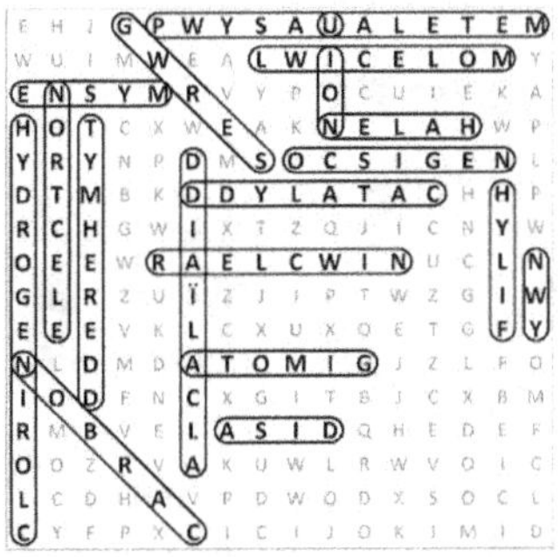

99 - Bateaux

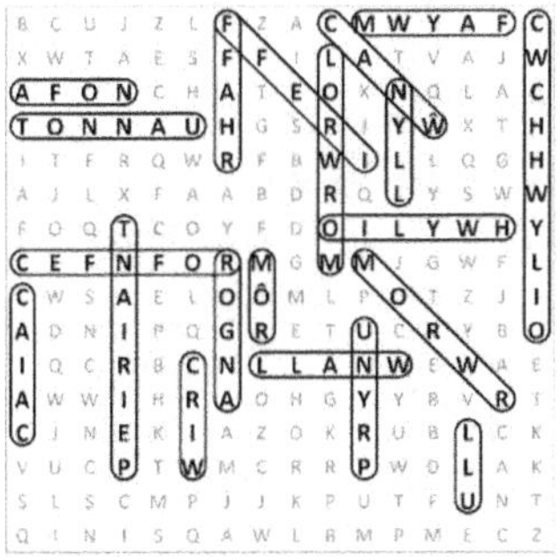

100 - Mesures

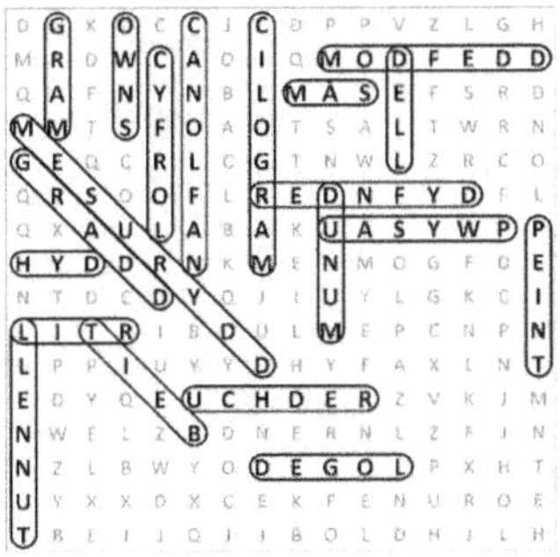

Dictionnaire

Activités
Gweithgareddau

Activité	Gweithgaredd
Art	Celf
Artisanat	Crefftau
Camping	Gwersylla
Céramique	Cerameg
Chasse	Hela
Couture	Gwnïo
Danse	Dawnsio
Intérêts	Diddordebau
Jardinage	Garddio
Jeux	Gemau
Lecture	Darllen
Loisir	Hamdden
Magie	Hud
Pêche	Pysgota
Plaisir	Pleser
Puzzles	Posau
Randonnée	Heicio
Relaxation	Ymlacio
Tricot	Gwau

Adjectifs #1
Ansoddeiriau # 1

Absolu	Absoliwt
Actif	Gweithredol
Ambitieux	Uchelgeisiol
Aromatique	Aromatig
Artistique	Artistig
Attractif	Deniadol
Beau	Hardd
Exotique	Egsotig
Énorme	Enfawr
Généreux	Hael
Honnête	Onest
Identique	Union
Important	Pwysig
Innocent	Diniwed
Jeune	Ifanc
Lent	Araf
Lourd	Trwm
Mince	Tenau
Moderne	Modern
Parfait	Perffaith

Adjectifs #2
Ansoddeiriau # 2

Authentique	Dilys
Célèbre	Enwog
Créatif	Creadigol
Descriptif	Disgrifiadol
Doué	Dawnus
Dramatique	Dramatig
Élégant	Cain
Fier	Falch
Fort	Cryf
Intéressant	Diddorol
Naturel	Naturiol
Nouveau	Newydd
Productif	Cynhyrchiol
Puissant	Pwerus
Pur	Pur
Responsable	Cyfrifol
Sain	Iach
Salé	Hallt
Sauvage	Gwyllt
Sec	Sych

Agronomie
Agronomeg

Agriculture	Ffermio
Croissance	Twf
Eau	Dŵr
Engrais	Gwrtaith
Environnement	Amgylchedd
Écologie	Ecoleg
Énergie	Ynni
Étude	Astudiaeth
Graines	Hadau
Identification	Adnabod
Légumes	Llysiau
Maladies	Clefydau
Nourriture	Bwyd
Pollution	Llygredd
Production	Cynhyrchu
Recherche	Ymchwil
Rural	Gwledig
Science	Gwyddoniaeth
Sol	Pridd
Systèmes	Systemau

Algèbre
Algebra

Diagramme	Diagram
Équation	Hafaliad
Facteur	Ffactor
Faux	Ffug
Formule	Fformiwla
Fraction	Ffracsiwn
Graphique	Graff
Infini	Anfeidrol
Linéaire	Llinol
Matrice	Matrics
Nombre	Rhif
Parenthèse	Parenthesis
Problème	Broblem
Quantité	Maint
Simplifier	Symleiddio
Solution	Ateb
Somme	Swm
Soustraction	Tynnu
Variable	Newidyn
Zéro	Sero

Antarctique
Antarctica

Baie	Bae
Baleines	Morfilod
Chercheur	Ymchwilydd
Conservation	Cadwraeth
Continent	Cyfandir
Eau	Dŵr
Environnement	Amgylchedd
Expédition	Daith
Géographie	Daearyddiaeth
Glace	Iâ
Glaciers	Rhewlifoedd
Îles	Ynysoedd
Migration	Mudo
Minéraux	Mwynau
Oiseaux	Adar
Péninsule	Penrhyn
Rocheux	Creigiog
Scientifique	Gwyddonol
Température	Tymheredd
Topographie	Topograffeg

Antiquités
Hynafiaethau

Art	Celf
Authentique	Dilys
Bijoux	Gemwaith
Décoratif	Addurnol
Enchères	Arwerthiant
Élégant	Cain
Galerie	Oriel
Inhabituel	Anarferol
Investissement	Buddsoddiad
Meubles	Dodrefn
Peintures	Paentiadau
Pièces	Darnau Arian
Prix	Pris
Qualité	Ansawdd
Restauration	Adfer
Sculpture	Cerflun
Siècle	Canrif
Style	Arddull
Valeur	Gwerth
Vieux	Hen

Archéologie
Archeoleg

Analyse	Dadansoddiad
Années	Blynyddoedd
Antiquité	Hynafiaeth
Chercheur	Ymchwilydd
Civilisation	Gwareiddiad
Descendant	Disgynnydd
Expert	Arbenigwr
Ère	Cyfnod
Équipe	Tîm
Évaluation	Gwerthuso
Fossile	Ffosil
Inconnu	Anhysbys
Mystère	Dirgelwch
Objets	Gwrthrychau
Os	Esgyrn
Oublié	Anghofio
Professeur	Athro
Relique	Crair
Temple	Deml
Tombe	Bedd

Art
Celf

Céramique	Ceramig
Complexe	Cymhleth
Composition	Cyfansoddiad
Créer	Creu
Dépeindre	Portreadu
Expression	Mynegiant
Figure	Ffigur
Honnête	Onest
Humeur	Hwyliau
Inspiré	Ysbrydoli
Original	Gwreiddiol
Peintures	Paentiadau
Personnel	Personol
Poésie	Barddoniaeth
Sculpture	Cerflun
Simple	Syml
Sujet	Pwnc
Surréalisme	Swrealaeth
Symbole	Symbol
Visuel	Gweledol

Astronomie
Seryddiaeth

Astéroïde	Asteroid
Astronaute	Gofodwr
Astronome	Seryddwr
Ciel	Awyr
Constellation	Cytser
Cosmos	Cosmos
Éclipse	Eclipse
Équinoxe	Equinox
Fusée	Roced
Galaxie	Galaeth
Lune	Lleuad
Météore	Meteor
Nébuleuse	Nebula
Observatoire	Arsyllfa
Planète	Blaned
Radiation	Ymbelydredd
Solaire	Solar
Supernova	Uwchnofa
Terre	Ddaear
Univers	Bydysawd

Aventure
Antur

Activité	Gweithgaredd
Beauté	Harddwch
Bravoure	Dewrder
Dangereux	Peryglus
Destination	Cyrchfan
Défis	Heriau
Difficulté	Anhawster
Enthousiasme	Brwdfrydedd
Excursion	Gwibdaith
Inhabituel	Anarferol
Itinéraire	Amserlen
Joie	Llawenydd
Nature	Natur
Navigation	Llywio
Nouveau	Newydd
Opportunité	Cyfle
Préparation	Paratoi
Sécurité	Diogelwch
Surprenant	Syndod
Voyages	Teithio

Avions
Awyrennau

Atmosphère	Awyrgylch
Atterrissage	Glanio
Aventure	Antur
Ballon	Balŵn
Carburant	Tanwydd
Ciel	Awyr
Construction	Adeiladu
Descente	Disgyniad
Direction	Cyfeiriad
Équipage	Criw
Gonfler	Chwyddo
Hauteur	Uchder
Hélices	Cynigion
Histoire	Hanes
Hydrogène	Hydrogen
Moteur	Peiriant
Naviguer	Lywio
Passager	Teithwyr
Pilote	Peilot
Turbulence	Cynnwrf

Ballet
Bale

Applaudissement	Cymeradwyaeth
Artistique	Artistig
Chorégraphie	Coreograffi
Compositeur	Cyfansoddwr
Danseurs	Dawnswyr
Expressif	Mynegiannol
Geste	Ystum
Gracieux	Gosgeiddig
Intensité	Dwysedd
Leçons	Gwersi
Muscles	Cyhyrau
Musique	Cerddoriaeth
Orchestre	Cerddorfa
Public	Gynulleidfa
Répétition	Ymarfer
Rythme	Rhythm
Solo	Unawd
Style	Arddull
Technique	Techneg

Barbecues
Barbeciws

Chaud	Poeth
Couteaux	Cyllyll
Dîner	Cinio
Enfants	Plant
Été	Haf
Faim	Newyn
Famille	Teulu
Fourchettes	Ffyrc
Fruit	Ffrwyth
Gril	Gril
Jeux	Gemau
Légumes	Llysiau
Musique	Cerddoriaeth
Oignons	Syrthion
Poivre	Pupur
Poulet	Cyw lâr
Salades	Saladau
Sauce	Saws
Sel	Halen
Tomates	Tomatos

Bateaux
Cychod

Ancre	Angor
Bouée	Prynu
Canoë	Canŵ
Corde	Rhaff
Équipage	Criw
Ferry	Fferi
Fleuve	Afon
Kayak	Caiac
Lac	Llyn
Marée	Llanw
Marin	Morwr
Mât	Mwyaf
Mer	Môr
Moteur	Peiriant
Nautique	Morwrol
Océan	Cefnfor
Radeau	Llu
Vagues	Tonnau
Voilier	Cwch Hwylio
Yacht	Hwylio

Bâtiments
Adeiladau

Appartement	Fflat
Atelier	Gweithdy
Cabine	Caban
Château	Castell
Cinéma	Sinema
École	Ysgol
Garage	Garej
Grange	Ysgubor
Hôpital	Ysbyty
Hôtel	Gwesty
Laboratoire	Labordy
Musée	Amgueddfa
Observatoire	Arsyllfa
Stade	Stadiwm
Supermarché	Archfarchnad
Tente	Pabell
Théâtre	Theatr
Tour	Twr
Université	Prifysgol
Usine	Ffatri

Beauté
Harddwch

Boucles	Curls
Charme	Swyn
Ciseaux	Siswrn
Cosmétique	Colur
Couleur	Lliw
Élégance	Ceinder
Élégant	Cain
Grâce	Gras
Huiles	Olewau
Lisse	Llyfn
Maquillage	Cyfansoddiad
Mascara	Mascara
Miroir	Drych
Parfum	Fragrance
Peau	Croen
Photogénique	Ffotogenig
Rouge à Lèvres	Minlliw
Services	Gwasanaethau
Shampooing	Siamp
Styliste	Steilydd

Biologie
Bioleg

Anatomie	Anatomeg
Bactéries	Bacteria
Cellule	Cell
Chromosome	Cromosom
Collagène	Colagen
Embryon	Embryo
Enzyme	Ensym
Évolution	Esblygiad
Hormone	Hormon
Mammifère	Mamal
Mutation	Treiglad
Naturel	Naturiol
Nerf	Nerf
Neurone	Niwron
Osmose	Osmosis
Protéine	Protein
Reptile	Ymlusgiaid
Respiration	Resbiradaeth
Symbiose	Symbiosis
Synapse	Synapse

Boxe
Paffio

Adversaire	Gwrthwynebydd
Arbitre	Canolwr
Blessures	Anafiadau
Cloche	Cloch
Coin	Cornel
Combattant	Ymladd
Concentrer	Ffocws
Cordes	Rhaffau
Corps	Corff
Coude	Penelin
Coup	Cicio
Épuisé	Arddangos
Force	Cryfder
Gants	Menig
Menton	Ên
Poing	Dwrn
Points	Pwyntiau
Rapide	Cyflym
Récupération	Adfer

Café
Coffi

Acide	Asidig
Amer	Chwerw
Arôme	Arogl
Boisson	Diod
Caféine	Caffein
Crème	Hufen
Eau	Dŵr
Filtre	Hidlo
Lait	Llaeth
Liquide	Hylif
Matin	Bore
Moudre	Malu
Noir	Du
Origine	Tarddiad
Prix	Pris
Rôti	Rhost
Saveur	Blas
Sucre	Siwgr
Tasse	Cwpan
Variété	Amrywiaeth

Camping
Gwersylla

Animaux	Anifeiliaid
Aventure	Antur
Boussole	Cwmpawd
Cabine	Caban
Canoë	Canŵ
Carte	Map
Chapeau	Het
Chasse	Hela
Corde	Rhaff
Équipement	Offer
Feu	Tân
Forêt	Coedwig
Hamac	Hammock
Insecte	Pryfed
Lac	Llyn
Lanterne	Llusern
Lune	Lleuad
Montagne	Mynydd
Nature	Natur
Tente	Pabell

Chimie
Cemeg

Acide	Asid
Alcalin	Alcalïaidd
Atomique	Atomig
Carbone	Carbon
Catalyseur	Catalydd
Chaleur	Gwres
Chlore	Clorin
Enzyme	Ensym
Électron	Electron
Gaz	Nwy
Hydrogène	Hydrogen
Ion	Ion
Liquide	Hylif
Métaux	Metelau
Molécule	Moleciwl
Nucléaire	Niwclear
Oxygène	Ocsigen
Poids	Pwysau
Sel	Halen
Température	Tymheredd

Chocolat
Siocled

Amer	Chwerw
Antioxydant	Gwrthocsidiol
Arôme	Arogl
Artisanal	Crefftwyr
Bonbon	Candy
Cacao	Cacao
Calories	Galorïau
Caramel	Caramel
Délicieux	Blasus
Doux	Melys
Exotique	Egsotig
Favori	Hoff
Goût	Blas
Ingrédient	Cynhwysion
Noix de Coco	Cnau Coco
Poudre	Powdr
Qualité	Ansawdd
Recette	Rysáit
Sucre	Siwgr

Conduite
Gyrru

Accident	Damwain
Camion	Lori
Carburant	Tanwydd
Carte	Map
Danger	Perygl
Freins	Breciau
Garage	Garej
Gaz	Nwy
Licence	Trwydded
Moteur	Modur
Moto	Beic Modur
Piéton	Cerddwyr
Police	Heddlu
Route	Ffordd
Sécurité	Diogelwch
Trafic	Traffig
Transport	Cludiant
Tunnel	Twnnel
Vitesse	Cyflymder
Voiture	Car

Corps Humain
Corff Dynol

Bouche	Geg
Cerveau	Ymennydd
Cheville	Ffêr
Cou	Gwddf
Coude	Penelin
Cœur	Galon
Doigt	Bys
Estomac	Bola
Épaule	Ysgwydd
Genou	Pen-Glin
Langue	Tafod
Lèvres	Gwefusau
Main	Llaw
Menton	Ên
Nez	Trwyn
Oreille	Clust
Peau	Croen
Sang	Gwaed
Tête	Pen
Visage	Wyneb

Créativité
Creadigrwydd

Artistique	Artistig
Authenticité	Dilysrwydd
Clarté	Eglurder
Dramatique	Dramatig
Expression	Mynegiant
Émotions	Emosiynau
Fluidité	Hylifedd
Idées	Syniadau
Image	Delwedd
Imagination	Dychymyg
Impression	Argraff
Inspiration	Ysbrydoliaeth
Intensité	Dwysedd
Intuition	Greddf
Inventif	Buddsoddi
Sensation	Teimlad
Sentiments	Teimladau
Spontané	Digymell
Vitalité	Bywiogrwydd

Cuisine
Cegin

Baguettes	Chopsticks
Bol	Bowl
Bouilloire	Tegell
Congélateur	Rhewgell
Couteaux	Cyllyll
Cruche	Jwg
Cuillères	Llwyau
Épices	Sbeisys
Éponge	Noddi
Four	Popty
Fourchettes	Ffyrc
Gril	Gril
Louche	Lletwad
Nourriture	Bwyd
Pot	Jar
Recette	Rysáit
Réfrigérateur	Oergell
Serviette	Napcyn
Tablier	Ffedog
Tasses	Cwpanau

Danse
Dawns

Académie	Academi
Art	Celf
Chorégraphie	Coreograffi
Classique	Clasurol
Corps	Corff
Culture	Diwylliant
Culturel	Diwylliannol
Expressif	Mynegiannol
Émotion	Emosiwn
Grâce	Gras
Joyeux	Llawen
Mouvement	Symudiad
Musique	Cerddoriaeth
Partenaire	Partner
Posture	Osgo
Répétition	Ymarfer
Rythme	Rhythm
Saut	Neidio
Traditionnel	Traddodiadol
Visuel	Gweledol

Diplomatie
Diplomyddiaeth

Ambassadeur	Llysgennad
Campagnes	Ymgyrchoedd
Citoyens	Dinasyddion
Civique	Dinesig
Communauté	Cymuned
Conflit	Gwrthdaro
Discussion	Trafodaeth
Éthique	Moeseg
Étranger	Tramor
Gouvernement	Llywodraeth
Humanitaire	Dyngarol
Intégrité	Uniondeb
Justice	Cyfiawnder
Langues	Ieithoedd
Légal	Cyfreithiol
Résolution	Datrys
Sécurité	Diogelwch
Solution	Ateb
Traité	Cytundeb

Disciplines Scientifiques
Ddisgyblaethau Gwyddonol

Anatomie	Anatomeg
Archéologie	Archaeoleg
Astronomie	Seryddiaeth
Biochimie	Biocemeg
Biologie	Bioleg
Botanique	Llysieueg
Chimie	Cemeg
Écologie	Ecoleg
Géologie	Daeareg
Immunologie	Imiwnoleg
Linguistique	Ieithyddiaeth
Mécanique	Mecaneg
Météorologie	Meteoroleg
Minéralogie	Mwynglawdd
Neurologie	Niwroleg
Physiologie	Ffisioleg
Psychologie	Seicoleg
Robotique	Roboteg
Sociologie	Cymdeithaseg
Zoologie	Milofyddiaeth

Entreprise
Busnes

Argent	Arian
Boutique	Siop
Budget	Cyllideb
Bureau	Swyddfa
Carrière	Gyrfa
Coût	Cost
Employeur	Cyflogwr
Employé	Cyflogai
Entreprise	Cwmni
Économie	Economeg
Finance	Cyllid
Impôts	Trethi
Investissement	Buddsoddiad
Marchandise	Nwyddau
Profit	Elw
Revenu	Incwm
Réduction	Disgownt
Transaction	Trafod
Usine	Ffatri
Vente	Gwerthu

Escalade
Dringo

Altitude	Uchder
Atmosphère	Awyrgylch
Blessure	Anaf
Bottes	Esgidiau
Carte	Map
Casque	Helm
Curiosité	Chwilfrydedd
Défis	Heriau
Expert	Arbenigwr
Étroit	Cul
Force	Cryfder
Formation	Hyfforddiant
Gants	Menig
Grotte	Ogof
Guides	Canllawiau
Physique	Corfforol
Randonnée	Heicio
Stabilité	Sefydlogrwydd
Terrain	Tir

Échecs
Gwyddbwyll

Adversaire	Gwrthwynebydd
Apprendre	I Ddysgu
Blanc	Gwyn
Champion	Pencampwr
Concours	Gystadleuaeth
Défis	Heriau
Diagonal	Lletraws
Jeu	Gêm
Joueur	Chwaraewr
Noir	Du
Passif	Goddefol
Points	Pwyntiau
Reine	Brenhines
Règles	Rheolau
Roi	Brenin
Sacrifice	Aberth
Stratégie	Strategaeth
Temps	Amser
Tournoi	Twrnamaint

Écologie
Ecoleg

Bénévoles	Gwirfoddolwyr
Climat	Hinsawdd
Communautés	Cymunedau
Diversité	Amrywiaeth
Durable	Cynaliadwy
Espèce	Rhywogaethau
Faune	Ffawna
Flore	Flora
Global	Byd-Eang
Habitat	Cynefin
Marais	Gors
Marin	Morol
Montagnes	Mynyddoedd
Nature	Natur
Naturel	Naturiol
Plantes	Planhigion
Ressources	Adnoddau
Sécheresse	Sychder
Survie	Goroesi
Végétation	Llystyfiant

Électricité
Trydan

Aimant	Magnet
Ampoule	Bwlb
Batterie	Batri
Câble	Cebl
Électricien	Trydanwr
Électrique	Trydan
Équipement	Offer
Fils	Gwifrau
Générateur	Generadur
Lampe	Lamp
Laser	Laser
Négatif	Negyddol
Objets	Gwrthrychau
Positif	Cadarnhaol
Prise	Soced
Quantité	Maint
Réseau	Rhwydwaith
Stockage	Storio
Téléphone	Ffôn
Télévision	Teledu

Émotions
Emosiynau

Amour	Caru
Calme	Dawel
Colère	Dicter
Contenu	Cynnwys
Détendu	Hamddenol
Ennui	Diflastod
Excité	Gyffrous
Gentillesse	Caredigrwydd
Joie	Llawenydd
Paix	Heddwch
Peur	Ofn
Reconnaissant	Diolchgar
Relief	Rhyddhad
Satisfait	Fodlon
Surprise	Syndod
Sympathie	Cydymdeimlad
Tendresse	Tynerwch
Tranquillité	Llonyddwch
Tristesse	Tristwch

Énergie
Ynni

Batterie	Batri
Carbone	Carbon
Carburant	Tanwydd
Chaleur	Gwres
Diesel	Diesel
Entropie	Entropi
Environnement	Amgylchedd
Essence	Gasoline
Électrique	Trydan
Électron	Electron
Hydrogène	Hydrogen
Industrie	Diwydiant
Moteur	Modur
Nucléaire	Niwclear
Photon	Ffoton
Pollution	Llygredd
Renouvelable	Adnewyddadwy
Soleil	Haul
Turbine	Tyrbin
Vent	Gwynt

Épices
Sbeisys

Aigre	Sur
Ail	Garlleg
Amer	Chwerw
Anis	Anise
Cannelle	Sinamon
Cardamome	Cardamom
Coriandre	Coriander
Cumin	Cwmin
Curry	Cyri
Fenouil	Ffenigl
Gingembre	Sinsir
Muscade	Nytmeg
Oignon	Union
Paprika	Paprika
Poivre	Pupur
Réglisse	Licorice
Safran	Saffrwm
Saveur	Blas
Sel	Halen
Vanille	Fanila

Famille
Teulu

Ancêtre	Hynafiad
Cousin	Cefnder
Enfance	Plentyndod
Enfant	Plentyn
Enfants	Plant
Femme	Gwraig
Fille	Merch
Frère	Brawd
Grand-Mère	Nain
Grand-Père	Taid
Mari	Gŵr
Maternel	Mamau
Mère	Fam
Neveu	Nai
Nièce	Nith
Oncle	Ewythr
Paternel	Tadol
Père	Tad
Soeur	Chwaer
Tante	Modryb

Ferme #1
Fferm # 1

Abeille	Gwenyn
Âne	Asyn
Bison	Bison
Champ	Maes
Chat	Cath
Cheval	Ceffyl
Chèvre	Gafr
Chien	Ci
Clôture	Ffens
Cochon	Mochyn
Corbeau	Frân
Eau	Dŵr
Engrais	Gwrtaith
Foin	Gwair
Miel	Mêl
Poulet	Cyw Iâr
Riz	Reis
Troupeau	Ddiadell
Vache	Buwch
Veau	Llo

Ferme #2
Fferm # 2

Agneau	Cig Oen
Agriculteur	Ffermwr
Animaux	Anifeiliaid
Berger	Bugail
Blé	Gwenith
Canard	Hwyaden
Fruit	Ffrwyth
Grange	Ysgubor
Irrigation	Dyfrhau
Lait	Llaeth
Lama	Lama
Légume	Llysiau
Maïs	Corn
Mouton	Defaid
Mûr	Aeddfed
Nourriture	Bwyd
Orge	Haidd
Pré	Dôl
Tracteur	Tractor
Verger	Berllan

Force et Gravité
Heddlu a Disgyrchiant

Axe	Echel
Centre	Canol
Découverte	Darganfyddiad
Distance	Pellter
Dynamique	Dynamig
Expansion	Ehangu
Élan	Momentwm
Friction	Ffrithiant
Impact	Effaith
Magnétisme	Magneteg
Mécanique	Mecaneg
Mouvement	Cynnig
Orbite	Orbit
Physique	Ffiseg
Planètes	Planedau
Pression	Pwysau
Propriétés	Eiddo
Temps	Amser
Universel	Cyffredinol
Vitesse	Cyflymder

Forêt Tropicale
Fforestydd Glaw

Amphibiens	Amffibiaid
Botanique	Botanegol
Climat	Hinsawdd
Communauté	Cymuned
Diversité	Amrywiaeth
Espèce	Rhywogaethau
Indigène	Cynhenid
Insectes	Pryfed
Jungle	Jyngl
Mammifères	Mamaliaid
Mousse	Mwsogl
Nature	Natur
Nuage	Cymylau
Oiseaux	Adar
Précieux	Gwerthfawr
Préservation	Cadwraeth
Refuge	Lloches
Respect	Parch
Restauration	Adfer
Survie	Goroesi

Fruit
Ffrwythau

Abricot	Bricyll
Avocat	Afocado
Baie	Aeron
Banane	Banana
Cerise	Ceirios
Citron	Lemon
Figue	Ffig
Framboise	Mafon
Goyave	Guava
Kiwi	Ciwi
Mangue	Mango
Melon	Melon
Nectarine	Nectarine
Orange	Oren
Papaye	Papaia
Pêche	Peach
Poire	Gellyg
Pomme	Afal
Prune	Eirin
Raisin	Grawnwin

Géographie
Daearyddiaeth

Altitude	Uchder
Atlas	Atlas
Carte	Map
Continent	Cyfandir
Fleuve	Afon
Hémisphère	Hemisffer
Île	Ynys
Latitude	Lledred
Mer	Môr
Méridien	Meridian
Monde	Byd
Montagne	Mynydd
Nord	Gogledd
Océan	Cefnfor
Ouest	Gorllewin
Pays	Gwlad
Région	Rhanbarth
Sud	De
Territoire	Tiriogaeth
Ville	Dinas

Géologie
Daeareg

Acide	Asid
Calcium	Calsiwm
Caverne	Ogof
Continent	Cyfandir
Corail	Cwrel
Couche	Haen
Cristaux	Crisialau
Fondu	Tawdd
Fossile	Ffosil
Geyser	Geyser
Lave	Lafa
Minéraux	Mwynau
Pierre	Carreg
Plateau	Gwastad
Quartz	Cwarts
Sel	Halen
Stalactite	Stalactite
Stalagmites	Stalagmidau
Volcan	Llosgfynydd
Zone	Parth

Géométrie
Geometreg

Angle	Ongl
Calcul	Cyfrifiad
Cercle	Cylch
Courbe	Gromlin
Diamètre	Diamedr
Dimension	Dimensiwn
Équation	Hafaliad
Hauteur	Uchder
Logique	Rhesymeg
Masse	Màs
Médian	Canolrif
Nombre	Rhif
Parallèle	Cyfochrog
Proportion	Cyfran
Segment	Segment
Surface	Wyneb
Symétrie	Cymesuredd
Théorie	Theori
Triangle	Triongl
Vertical	Fertigol

Gouvernement
Llywodraeth

Citoyenneté	Dinasyddiaeth
Civil	Sifil
Constitution	Cyfansoddiad
Démocratie	Democratiaeth
Discours	Araith
Discussion	Trafodaeth
District	Ardal
Droits	Hawliau
Égalité	Cydraddoldeb
État	Wladwriaeth
Indépendance	Annibyniaeth
Judiciaire	Barnwrol
Justice	Cyfiawnder
Liberté	Rhyddid
Loi	Cyfraith
Monument	Heneb
Nation	Cenedl
National	Cenedlaethol
Paisible	Heddychlon
Symbole	Symbol

Herboristerie
Llysieuol

Ail	Garlleg
Aromatique	Aromatig
Basilic	Basil
Bénéfique	Buddiol
Culinaire	Coginio
Estragon	Taragon
Fenouil	Ffenigl
Fleur	Blodyn
Ingrédient	Cynhwysion
Jardin	Gardd
Lavande	Lafant
Marjolaine	Marjoram
Menthe	Bathdy
Persil	Persli
Qualité	Ansawdd
Romarin	Rhosmar
Safran	Saffrwm
Saveur	Blas
Thym	Teim
Vert	Gwyrdd

Ingénierie
Peirianneg

Angle	Ongl
Axe	Echel
Calcul	Cyfrifiad
Construction	Adeiladu
Diagramme	Diagram
Diamètre	Diamedr
Diesel	Diesel
Distribution	Dosbarthu
Énergie	Ynni
Force	Cryfder
Friction	Ffrithiant
Liquide	Hylif
Machine	Peiriant
Mesure	Mesur
Moteur	Modur
Mouvement	Cynnig
Profondeur	Dyfnder
Rotation	Cylchdro
Stabilité	Sefydlogrwydd
Structure	Strwythur

Jardin
Gardd

Arbre	Coed
Banc	Mainc
Buisson	Llwyn
Clôture	Ffens
Étang	Pwll
Fleur	Blodyn
Garage	Garej
Hamac	Hammock
Herbe	Glaswellt
Jardin	Gardd
Mauvaises Herbes	Chwyn
Pelle	Rhaw
Pelouse	Lawnt
Porche	Cyntedd
Râteau	Rhaca
Sol	Pridd
Terrasse	Teras
Trampoline	Trampolîn
Tuyau	Pibell
Vigne	Winwydd

Jardinage
Garddio

Botanique	Botanegol
Bouquet	Tusw
Climat	Hinsawdd
Comestible	Bwytadwy
Compost	Compost
Eau	Dŵr
Espèce	Rhywogaethau
Exotique	Egsotig
Feuillage	Dail
Fleur	Blodyn
Floral	Blodau
Graines	Hadau
Humidité	Lleithder
Récipient	Cynhwysydd
Saisonnier	Tymhorol
Saleté	Baw
Sol	Pridd
Tuyau	Pibell
Verger	Berllan

Jazz
Jazz

Album	Albwm
Artiste	Artist
Célèbre	Enwog
Chanson	Cân
Compositeur	Cyfansoddwr
Composition	Cyfansoddiad
Concert	Cyngerdd
Favoris	Ffefrynnau
Genre	Genre
Improvisation	Byrfyfyr
Musique	Cerddoriaeth
Nouveau	Newydd
Orchestre	Cerddorfa
Rythme	Rhythm
Solo	Unawd
Style	Arddull
Talent	Talent
Tambours	Drymiau
Technique	Techneg
Vieux	Hen

Jours et Mois
Diwrnodau a Misoedd

Août	Awst
Avril	Ebrill
Calendrier	Calendr
Dimanche	Dydd Sul
Février	Chwefror
Janvier	Ionawr
Jeudi	Dydd Iau
Juillet	Gorffennaf
Juin	Mehefin
Lundi	Dydd Llun
Mardi	Dydd Mawrth
Mars	Mawrth
Mercredi	Dydd Mercher
Mois	Mis
Novembre	Tachwedd
Octobre	Hydref
Samedi	Dydd Sadwrn
Semaine	Wythnos
Septembre	Medi
Vendredi	Dydd Gwener

L'Entreprise
Y Cwmni

Affaires	Busnes
Créatif	Creadigol
Décision	Penderfyniad
Emploi	Cyflogaeth
Global	Byd-Eang
Industrie	Diwydiant
Innovant	Arloesol
Investissement	Buddsoddiad
Possibilité	Posibilrwydd
Présentation	Cyflwyniad
Produit	Cynnyrch
Professionnel	Proffesiynol
Progrès	Cynnydd
Qualité	Ansawdd
Ressources	Adnoddau
Revenu	Refeniw
Réputation	Enw Da
Risques	Risgiau
Tendances	Tueddiadau
Unités	Unedau

Les Abeilles
Gwenyn

Ailes	Adenydd
Bénéfique	Buddiol
Cire	Cwyr
Diversité	Amrywiaeth
Essaim	Haid
Écosystème	Ecosystem
Fleur	Blodyn
Fleurs	Blodau
Fruit	Ffrwyth
Fumée	Mwg
Habitat	Cynefin
Insecte	Pryfed
Jardin	Gardd
Miel	Mêl
Nourriture	Bwyd
Plantes	Planhigion
Pollen	Paill
Reine	Brenhines
Ruche	Cwch
Soleil	Haul

Les Médias
Y Cyfryngau

Attitudes	Agweddau
Commercial	Masnachol
Communication	Cyfathrebu
En Ligne	Ar-Lein
Édition	Argraffiad
Éducation	Addysg
Faits	Ffeithiau
Financement	Cyllid
Images	Delweddau
Individuel	Unigol
Industrie	Diwydiant
Intellectuel	Deallusol
Local	Lleol
Numérique	Digidol
Opinion	Barn
Photos	Lluniau
Public	Cyhoeddus
Radio	Radio
Réseau	Rhwydwaith
Télévision	Teledu

Légumes
Llysiau

Ail	Garlleg
Algue	Gwymon
Artichaut	Artisiog
Aubergine	Eggplant
Brocoli	Brocoli
Carotte	Moron
Céleri	Seleri
Champignon	Madarch
Citrouille	Pwmpen
Concombre	Ciwcymbr
Épinard	Sbigoglys
Gingembre	Sinsir
Navet	Maip
Oignon	Union
Olive	Olewydd
Persil	Persli
Pois	Pys
Radis	Radish
Salade	Salad
Tomate	Tomato

Littérature
Llenyddiaeth

Analogie	Cyfatebiaeth
Analyse	Dadansoddiad
Anecdote	Chwedl
Auteur	Awdur
Biographie	Bywgraffiad
Comparaison	Cymhariaeth
Conclusion	Casgliad
Description	Disgrifiad
Dialogue	Deialog
Fiction	Ffuglen
Métaphore	Trosiad
Narrateur	Adroddwr
Poème	Cerdd
Poétique	Barddonol
Rime	Odl
Roman	Nofel
Rythme	Rhythm
Style	Arddull
Thème	Thema
Tragédie	Drychineb

Livres
Llyfrau

Auteur	Awdur
Aventure	Antur
Collection	Casgliad
Contexte	Cyd-Destun
Dualité	Deuoliaeth
Épique	Epig
Histoire	Stori
Historique	Hanesyddol
Humoristique	Doniol
Inventif	Buddsoddi
Lecteur	Darllenydd
Littéraire	Llenyddol
Narrateur	Adroddwr
Page	Tudalen
Pertinent	Perthnasol
Poème	Cerdd
Poésie	Barddoniaeth
Roman	Nofel
Série	Cyfres
Tragique	Trasig

Maison
Tŷ

Balai	Banadl
Bibliothèque	Llyfrgell
Chambre	Ystafell
Cheminée	Lle Tân
Clés	Allweddi
Clôture	Ffens
Cuisine	Cegin
Douche	Cawod
Fenêtre	Ffenestr
Garage	Garej
Grenier	Atig
Jardin	Gardd
Lampe	Lamp
Miroir	Drych
Mur	Wal
Plafond	Nenfwd
Porte	Drws
Rideaux	Llenni
Tapis	Rug
Toit	To

Maladie
Clefyd

Aigu	Aciwt
Allergies	Alergeddau
Bien-Être	Lles
Chronique	Cronig
Contagieux	Heintus
Corps	Corff
Cœur	Galon
Faible	Gwan
Génétique	Genetig
Héréditaire	Etifeddol
Immunité	Imiwnedd
Inflammation	Llid
Lombaire	Meingefnol
Neuropathie	Niwropatheg
Os	Esgyrn
Pathogènes	Pathogenau
Respiratoire	Atebol
Santé	Iechyd
Syndrome	Syndrom
Thérapie	Therapi

Mammifères
Mamaliaid

Baleine	Morfil
Chat	Cath
Cheval	Ceffyl
Chien	Ci
Coyote	Coyote
Dauphin	Dolffin
Éléphant	Eliffant
Girafe	Jiraff
Gorille	Gorila
Kangourou	Kangaroo
Lapin	Cwningen
Lion	Llew
Loup	Blaidd
Mouton	Defaid
Ours	Arth
Renard	Llwynog
Singe	Mwnci
Taureau	Tarw
Tigre	Teigr
Zèbre	Sebra

Mathématiques
Mathemateg

Angles	Onglau
Arithmétique	Rhifyddeg
Carré	Sgwâr
Circonférence	Cylchedd
Décimal	Degol
Diamètre	Diamedr
Équation	Hafaliad
Fraction	Ffracsiwn
Géométrie	Geometreg
Parallèle	Cyfochrog
Parallélogramme	Paralelogram
Perpendiculaire	Berpendicwlar
Périmètre	Amfesur
Polygone	Polygon
Rayon	Radiws
Rectangle	Petryal
Somme	Swm
Symétrie	Cymesuredd
Triangle	Triongl
Volume	Cyfrol

Mesures
Mesuriadau

Centimètre	Canolfan
Degré	Gradd
Décimal	Degol
Gramme	Gram
Hauteur	Uchder
Kilogramme	Cilogram
Largeur	Lled
Litre	Litr
Longueur	Hyd
Masse	Màs
Mètre	Mesurydd
Minute	Munud
Octet	Beit
Once	Owns
Pinte	Peint
Poids	Pwysau
Pouce	Modfedd
Profondeur	Dyfnder
Tonne	Tunnell
Volume	Cyfrol

Méditation
Myfyrdod

Acceptation	Derbyn
Attention	Sylw
Calme	Dawel
Clarté	Eglurder
Compassion	Tosturi
Esprit	Meddwl
Émotions	Emosiynau
Éveillé	Effro
Gentillesse	Caredigrwydd
Gratitude	Diolchgarwch
Habitudes	Arferion
Mental	Meddyliol
Mouvement	Symudiad
Musique	Cerddoriaeth
Nature	Natur
Paix	Heddwch
Perspective	Safbwynt
Posture	Osgo
Respiration	Anadlu
Silence	Distawrwydd

Météo
Tywydd

Arc-En-Ciel	Enfys
Atmosphère	Awyrgylch
Brise	Awel
Brouillard	Niwl
Calme	Dawel
Ciel	Awyr
Climat	Hinsawdd
Glace	Iâ
Mousson	Monsŵn
Nuage	Cwmwl
Ouragan	Corwynt
Polaire	Polar
Sec	Sych
Sécheresse	Sychder
Température	Tymheredd
Tempête	Storm
Tonnerre	Taranau
Tornade	Tornado
Tropical	Trofannol
Vent	Gwynt

Mode
Ffasiwn

Abordable	Fforddiadwy
Boutique	Boutique
Boutons	Botymau
Broderie	Brodwaith
Cher	Drud
Confortable	Cyfforddus
Dentelle	Lace
Élégant	Cain
Mesures	Mesuriadau
Minimaliste	Lleiaf
Moderne	Modern
Modeste	Cymedrol
Modèle	Patrwm
Original	Gwreiddiol
Pratique	Ymarferol
Simple	Syml
Style	Arddull
Tendance	Tuedd
Texture	Gwead
Vêtements	Dillad

Musique
Cerddoriaeth

Album	Albwm
Ballade	Baled
Chanter	Canu
Chanteur	Canwr
Classique	Clasurol
Enregistrement	Cofnodi
Harmonie	Harmoni
Harmonique	Harmonig
Instrument	Offeryn
Lyrique	Telynegol
Mélodie	Alaw
Microphone	Meicroffon
Musical	Cerddorol
Musicien	Cerddor
Opéra	Opera
Poétique	Barddonol
Rythme	Rhythm
Rythmique	Rhythmig
Tempo	Tempo
Vocal	Lleisiol

Mythologie
Mytholeg

Catastrophe	Trychineb
Comportement	Ymddygiad
Création	Creu
Créature	Creadur
Croyances	Credoau
Culture	Diwylliant
Éclair	Mellt
Force	Cryfder
Guerrier	Rhyfelwr
Héroïne	Arwres
Héros	Arwr
Immortalité	Anfarwoldeb
Jalousie	Cenfigen
Labyrinthe	Labyrinth
Légende	Chwedl
Magique	Hudol
Monstre	Anghenfil
Mortel	Marwol
Tonnerre	Meddwl
Vengeance	Dial

Nature
Natur

Abeilles	Gwenyn
Animaux	Anifeiliaid
Arctique	Arctig
Beauté	Harddwch
Brouillard	Niwl
Désert	Anialwch
Dynamique	Dynamig
Falaises	Clogwyni
Feuillage	Dail
Fleuve	Afon
Forêt	Coedwig
Glacier	Rhewlif
Montagnes	Mynyddoedd
Nuage	Cymylau
Paisible	Heddychlon
Sanctuaire	Cysegr
Sauvage	Gwyllt
Serein	Tawel
Tropical	Trofannol
Vital	Hanfodol

Nourriture #1
Bwyd # 1

Ail	Garlleg
Basilic	Basil
Café	Coffi
Cannelle	Sinamon
Carotte	Moron
Citron	Lemon
Épinard	Sbigoglys
Fraise	Mefus
Jus	Sudd
Lait	Llaeth
Navet	Maip
Oignon	Union
Orge	Haidd
Poire	Gellyg
Salade	Salad
Sel	Halen
Soupe	Cawl
Sucre	Siwgr
Thon	Tiwna
Viande	Cig

Nourriture #2
Bwyd # 2

Amande	Almon
Aubergine	Eggplant
Banane	Banana
Blé	Gwenith
Brocoli	Brocoli
Cerise	Ceirios
Céleri	Seleri
Champignon	Madarch
Chocolat	Siocled
Jambon	Ham
Kiwi	Ciwi
Mangue	Mango
Oeuf	Wy
Pain	Bara
Poisson	Pysgod
Pomme	Afal
Poulet	Cyw Iâr
Raisin	Grawnwin
Riz	Reis
Tomate	Tomato

Nutrition
Maeth

Amer	Chwerw
Appétit	Archwaeth
Calories	Galorïau
Comestible	Bwytadwy
Diète	Deiet
Digestion	Treuliad
Épices	Sbeisys
Équilibré	Cytbwys
Fermentation	Eplesu
Glucides	Carbohydradau
Liquides	Hylifau
Poids	Pwysau
Protéines	Proteinau
Qualité	Ansawdd
Sain	Iach
Santé	Iechyd
Sauce	Saws
Saveur	Blas
Toxine	Gwenwyn
Vitamine	Fitamin

Océan
Cefnfor

Algue	Gwymon
Anguille	Llysywod
Baleine	Morfil
Bateau	Cwch
Corail	Cwrel
Crabe	Cranc
Crevette	Berdys
Dauphin	Dolffin
Éponge	Noddi
Huître	Wystrys
Marées	Llanw
Méduse	Sglefrod Môr
Poisson	Pysgod
Poulpe	Octopws
Requin	Siarc
Sel	Halen
Tempête	Storm
Thon	Tiwna
Tortue	Crwban
Vagues	Tonnau

Oiseaux
Adar

Aigle	Eryr
Autruche	Estrys
Canard	Hwyaden
Cigogne	Ciconia
Colombe	Colomen
Corbeau	Frân
Coucou	Gog
Cygne	Alarch
Héron	Crëyr
Manchot	Pengwin
Moineau	Aderyn
Mouette	Gwylan
Oeuf	Wy
Oie	Gŵydd
Paon	Paun
Perroquet	Parot
Pélican	Pelican
Pigeon	Colomennod
Poulet	Cyw Iâr
Toucan	Twcan

Pays #1
Gwledydd # 1

Afghanistan	Affganistan
Allemagne	Yr Almaen
Argentine	Ariannin
Brésil	Brasil
Canada	Canada
Espagne	Sbaen
Équateur	Ecwador
Finlande	Ffindir
Inde	India
Israël	Israel
Libye	Libya
Mali	Mali
Maroc	Moroco
Nicaragua	Nicaragua
Norvège	Norwy
Panama	Panama
Philippines	Philippines
Pologne	Gwlad Pwyl
Roumanie	Romania
Venezuela	Venezuela

Pays #2
Gwledydd # 2

Albanie	Albania
Chine	Tsieina
Danemark	Denmarc
France	Ffrainc
Haïti	Haiti
Indonésie	Indonesia
Irlande	Iwerddon
Jamaïque	Jamaica
Japon	Japan
Kenya	Kenya
Laos	Laos
Liban	Libanus
Mexique	Mecsico
Ouganda	Uganda
Pakistan	Pakistan
Russie	Rwsia
Somalie	Somalia
Soudan	Sudan
Syrie	Syria
Ukraine	Wcráin

Paysages
Tirweddau

Cascade	Rhaeadr
Colline	Bryn
Désert	Anialwch
Estuaire	Aber
Fleuve	Afon
Geyser	Geyser
Glacier	Rhewlif
Grotte	Ogof
Iceberg	Mynydd Iâ
Île	Ynys
Lac	Llyn
Marais	Gors
Mer	Môr
Montagne	Mynydd
Oasis	Werddon
Péninsule	Penrhyn
Plage	Traeth
Toundra	Tundra
Vallée	Dyffryn
Volcan	Llosgfynydd

Philanthropie
Dyngarwch

Besoin	Angen
Buts	Nodau
Charité	Elusen
Communauté	Cymuned
Contacts	Cysylltiadau
Défis	Heriau
Enfants	Plant
Finance	Cyllid
Fonds	Cronfeydd
Gens	Pobl
Générosité	Haelioni
Global	Byd-Eang
Groupes	Grwpiau
Histoire	Hanes
Honnêteté	Gonestrwydd
Humanité	Dynoliaeth
Jeunesse	Ieuenctid
Mission	Cenhadaeth
Programmes	Rhaglenni
Public	Cyhoeddus

Physique
Ffiseg

Accélération	Cyflymiad
Atome	Atom
Chaos	Anhrefn
Chimique	Cemegol
Densité	Dwysedd
Électron	Electron
Formule	Fformiwla
Fréquence	Amlder
Gaz	Nwy
Gravité	Disgyrchiant
Magnétisme	Magneteg
Masse	Màs
Mécanique	Mecaneg
Molécule	Moleciwl
Moteur	Peiriant
Nucléaire	Niwclear
Particule	Gronynnau
Relativité	Ymlacio
Universel	Cyffredinol
Vitesse	Cyflymder

Plantes
Planhigion

Arbre	Coed
Baie	Aeron
Bambou	Bambŵ
Botanique	Llysieueg
Buisson	Llwyn
Cactus	Cactus
Engrais	Gwrtaith
Feuillage	Dail
Fleur	Blodyn
Flore	Flora
Forêt	Coedwig
Grandir	Tyfu
Haricot	Ffa
Herbe	Glaswellt
Jardin	Gardd
Lierre	Eiddew
Mousse	Mwsogl
Pétale	Petal
Racine	Gwraidd
Végétation	Llystyfiant

Professions #1
Proffesiynau # 1

Ambassadeur	Llysgennad
Astronome	Seryddwr
Avocat	Cyfreithiwr
Banquier	Banciwr
Bijoutier	Gemydd
Cartographe	Cartographer
Chasseur	Helwyr
Danseur	Dawnsiwr
Entraîneur	Hyfforddwr
Éditeur	Golygydd
Géologue	Daearegwr
Infirmière	Nyrs
Médecin	Meddyg
Musicien	Cerddor
Pianiste	Pianydd
Plombier	Plymwr
Pompier	Diffoddwr Tân
Psychologue	Seicolegydd
Scientifique	Gwyddonydd
Vétérinaire	Milfeddyg

Professions #2
Proffesiynau # 2

Agriculteur	Ffermwr
Astronaute	Gofodwr
Bibliothécaire	Llyfrgellydd
Biologiste	Biolegydd
Chercheur	Ymchwilydd
Chirurgien	Llawfeddyg
Dentiste	Deintydd
Détective	Ditectif
Enseignant	Athro
Illustrateur	Darlunydd
Ingénieur	Peiriannydd
Inventeur	Dyfeisiwr
Jardinier	Garddwr
Journaliste	Newyddiadurwr
Linguiste	Ieithydd
Médecin	Meddyg
Peintre	Peintiwr
Philosophe	Athronydd
Photographe	Ffotograffydd
Pilote	Peilot

Psychologie
Seicoleg

Clinique	Clinigol
Cognition	Gwybyddiaeth
Comportement	Ymddygiad
Conflit	Gwrthdaro
Ego	Ego
Enfance	Plentyndod
Expériences	Profiadau
Émotions	Emosiynau
Évaluation	Asesiad
Idées	Syniadau
Inconscient	Anymwybodol
Influences	Dylanwadau
Pensées	Meddyliau
Perception	Canfyddiad
Personnalité	Personoliaeth
Problème	Broblem
Réalité	Realiti
Rêves	Breuddwydion
Sensation	Teimlad
Thérapie	Therapi

Randonnée
Heicio

Animaux	Anifeiliaid
Bottes	Esgidiau
Camping	Gwersylla
Carte	Map
Climat	Hinsawdd
Dangers	Peryglon
Eau	Dŵr
Falaise	Clogwyn
Fatigué	Flinedig
Guides	Canllawiau
Lourd	Trwm
Météo	Tywydd
Montagne	Mynydd
Nature	Natur
Orientation	Cyfeiriad
Parcs	Parciau
Pierres	Cerrig
Préparation	Paratoi
Sauvage	Gwyllt
Soleil	Haul

Remplir
I Llenwch

Baignoire	Twb
Baril	Gasgen
Bassin	Basn
Boîte	Blwch
Bouteille	Potel
Caisse	Cawell
Carton	Carton
Dossier	Ffolder
Enveloppe	Amlen
Panier	Basged
Paquet	Pecyn
Plateau	Hambwrdd
Poche	Poced
Pot	Jar
Sac	Bag
Seau	Bwced
Tiroir	Drôr
Tube	Tiwb
Valise	Cês
Vase	Vase

Réchauffement Climatique
Cynhesu Byd-Eang

Arctique	Arctig
Attention	Sylw
Climat	Hinsawdd
Crise	Argyfwng
Développement	Datblygu
Données	Data
Environnemental	Amgylcheddol
Énergie	Ynni
Futur	Dyfodol
Gaz	Nwy
Générations	Cenedlaethau
Gouvernement	Llywodraeth
Habitats	Cynefinoedd
Industrie	Diwydiant
International	Rhyngwladol
Législation	Deddfwriaeth
Maintenant	Nawr
Populations	Poblogaethau
Scientifique	Gwyddonydd
Températures	Tymheredd

Santé et Bien-Être #1
Iechyd a Lles # 1

Actif	Gweithredol
Bactéries	Bacteria
Blessure	Anaf
Clinique	Clinig
Faim	Newyn
Fracture	Twyll
Habitude	Arfer
Hauteur	Uchder
Hormone	Hormonau
Médecin	Meddyg
Médicament	Meddygaeth
Muscles	Cyhyrau
Os	Esgyrn
Peau	Croen
Pharmacie	Fferyllfa
Posture	Osgo
Relaxation	Ymlacio
Réflexe	Atgyrch
Thérapie	Therapi
Traitement	Triniaeth

Santé et Bien-Être #2
Iechyd a Lles # 2

Allergie	Alergedd
Anatomie	Anatomeg
Appétit	Archwaeth
Calorie	Calori
Corps	Corff
Déshydratation	Diffyg
Énergie	Ynni
Génétique	Geneteg
Hôpital	Ysbyty
Hygiène	Hylendid
Infection	Haint
Maladie	Clefyd
Massage	Tylino
Nutrition	Maeth
Poids	Pwysau
Récupération	Adfer
Sain	Iach
Sang	Gwaed
Stress	Straen
Vitamine	Fitamin

Science
Gwyddoniaeth

Atome	Atom
Chimique	Cemegol
Climat	Hinsawdd
Données	Data
Expérience	Arbrawf
Évolution	Esblygiad
Fait	Ffaith
Fossile	Ffosil
Gravité	Disgyrchiant
Hypothèse	Ddamcaniaeth
Laboratoire	Labordy
Méthode	Dull
Minéraux	Mwynau
Molécules	Moleciwlau
Nature	Natur
Organisme	Organeb
Particules	Gronynnau
Physique	Ffiseg
Plantes	Planhigion
Scientifique	Gwyddonydd

Science-Fiction
Ffuglen Gwyddoniaeth

Atomique	Atomig
Cinéma	Sinema
Explosion	Ffrwydrad
Extrême	Eithafol
Fantastique	Gwych
Feu	Tân
Futuriste	Dyfodolaidd
Galaxie	Galaeth
Illusion	Rhith
Imaginaire	Dychmygol
Livres	Llyfrau
Monde	Byd
Mystérieux	Dirgel
Oracle	Oracle
Planète	Blaned
Réaliste	Realistig
Robots	Robotiaid
Scénario	Senario
Technologie	Technoleg
Utopie	Utopia

Sport
Chwaraeon

Athlète	Mabolgampwr
Capacité	Gallu
Corps	Corff
Cyclisme	Beicio
Danse	Dawnsio
Diète	Deiet
Endurance	Dygnwch
Entraîneur	Hyfforddwr
Force	Cryfder
Jogging	Loncian
Maximiser	Wneud y Gorau
Métabolique	Metabolig
Muscles	Cyhyrau
Nager	I Nofio
Nutrition	Maeth
Objectif	Nod
Os	Esgyrn
Programme	Rhaglen
Santé	Iechyd
Sports	Chwaraeon

Temps
Amser

Année	Blwyddyn
Annuel	Blynyddol
Après	Ar Ôl
Avant	Cyn
Bientôt	Yn Fuan
Calendrier	Calendr
Décennie	Degawd
Futur	Dyfodol
Heure	Awr
Hier	Ddoe
Horloge	Cloc
Jour	Dydd
Maintenant	Nawr
Matin	Bore
Midi	Hanner Dydd
Minute	Munud
Mois	Mis
Nuit	Nos
Semaine	Wythnos
Siècle	Canrif

Types de Cheveux
Mathau o Wallt

Argent	Arian
Blanc	Gwyn
Blond	Blond
Boucles	Curls
Brillant	Sgleiniog
Chauve	Moel
Coloré	Lliw
Court	Byr
Doux	Meddal
Épais	Trwchus
Frisé	Cyrliog
Gris	Llwyd
Long	Hir
Marron	Brown
Mince	Tenau
Noir	Du
Sain	Iach
Sec	Sych
Tresses	Blethi
Tressé	Plethedig

Univers
Bydysawd

Astéroïde	Asteroid
Astronome	Seryddwr
Astronomie	Seryddiaeth
Atmosphère	Awyrgylch
Ciel	Awyr
Cosmique	Cosmig
Équateur	Cyhydedd
Galaxie	Galaeth
Hémisphère	Hemisffer
Horizon	Gorwel
Latitude	Lledred
Longitude	Hydred
Lune	Lleuad
Obscurité	Tywyllwch
Orbite	Orbit
Solaire	Solar
Solstice	Ateb
Télescope	Telesgop
Visible	Gweladwy
Zodiaque	Sidydd

Vacances #2
Yn Ystod y Gwyliau #2

Aéroport	Maes Awyr
Camping	Gwersylla
Carte	Map
Destination	Cyrchfan
Étranger	Tramor
Hôtel	Gwesty
Île	Ynys
Loisir	Hamdden
Mer	Môr
Passeport	Pasbort
Plage	Traeth
Restaurant	Bwyty
Réservations	Amheuon
Taxi	Tacsi
Tente	Pabell
Train	Trên
Transport	Cludiant
Vacances	Gwyliau
Visa	Fisa
Voyage	Taith

Véhicules
Cerbydau

Ambulance	Ambiwlans
Avion	Awyren
Bateau	Cwch
Bus	Bws
Camion	Lori
Caravane	Carafan
Ferry	Fferi
Fusée	Roced
Hélicoptère	Hofrennydd
Métro	Isffordd
Moteur	Modur
Navette	Gwennol
Pneus	Tirion
Radeau	Llu
Scooter	Sgwter
Sous-Marin	Llong Danfor
Taxi	Tacsi
Tracteur	Tractor
Vélo	Beic
Voiture	Car

Vêtements
Dillad

Bracelet	Breichled
Ceinture	Gwregys
Chapeau	Het
Chaussure	Esgid
Chemise	Crys
Chemisier	Blows
Collier	Adnabod
Foulard	Sgarff
Gants	Menig
Jeans	Jîns
Jupe	Sgert
Manteau	Côt
Mode	Ffasiwn
Pantalon	Pants
Pull	Chwyswr
Pyjama	Pyjamas
Robe	Gwisg
Sandales	Sandalau
Tablier	Ffedog
Veste	Siaced

Ville
Y Dref

Aéroport	Maes Awyr
Banque	Banc
Bibliothèque	Llyfrgell
Boulangerie	Becws
Cinéma	Sinema
Clinique	Clinig
École	Ysgol
Fleuriste	Siop Flodau
Galerie	Oriel
Hôtel	Gwesty
Librairie	Siop Lyfrau
Marché	Farchnad
Musée	Amgueddfa
Pharmacie	Fferyllfa
Restaurant	Bwyty
Stade	Stadiwm
Supermarché	Archfarchnad
Théâtre	Theatr
Université	Prifysgol
Zoo	Sw

Félicitations

Vous avez réussi !

Nous espérons que vous avez apprécié ce livre autant que nous avons pris plaisir à le concevoir. Nous faisons de notre mieux pour créer des livres de la meilleure qualité possible.
Cette édition est conçue pour permettre un apprentissage intelligent et de qualité en se divertissant !

Vous avez aimé ce livre ?

Une Simple Demande

Nos livres existent grâce aux avis que vous publiez. Pourriez-vous nous aider en laissant un avis maintenant ?

Voici un lien rapide qui vous mènera à votre page d'évaluation de vos commandes :

BestBooksActivity.com/Avis50

CHALLENGE FINAL !

Défi n°1

Êtes-vous prêt pour votre jeu bonus ? Nous les utilisons tout le temps mais ils ne sont pas si faciles à trouver. Voici les **Synonymes** !

Notez 5 mots que vous avez trouvés dans les puzzles notés ci-dessous (n°21, n°36, n°76) et essayez de trouver 2 synonymes pour chaque mot.

Notez 5 Mots du ***Puzzle 21***

Mots	Synonyme 1	Synonyme 2

Notez 5 Mots du ***Puzzle 36***

Mots	Synonyme 1	Synonyme 2

Notez 5 Mots du ***Puzzle 76***

Mots	Synonyme 1	Synonyme 2

Défi n°2

Maintenant que vous vous êtes échauffé, notez 5 mots que vous avez découverts dans les Puzzles n° 9, n° 17, n° 25 et essayez de trouver 2 antonymes pour chaque mot. Combien pouvez-vous en trouver en 20 minutes ?

Notez 5 Mots du ***Puzzle 9***

Mots	Antonyme 1	Antonyme 2

Notez 5 Mots du ***Puzzle 17***

Mots	Antonyme 1	Antonyme 2

Notez 5 Mots du ***Puzzle 25***

Mots	Antonyme 1	Antonyme 2

Défi n°3

Formidable ! Ce défi final  n'est rien pour vous.

Prêt pour le dernier défi ? Choisissez 10 mots que vous avez découverts parmi les différents puzzles et notez-les ci-dessous.

1.	6.
2.	7.
3.	8.
4.	9.
5.	10.

Maintenant, composez un texte en pensant à une personne, un animal ou un lieu que vous aimez !

Astuce: Vous pouvez utiliser la dernière page de ce livre comme brouillon !

Votre Composition :

CARNET DE NOTES :

À TRÈS BIENTÔT !

Toute l'équipe

www.ingramcontent.com/pod-product-compliance
Lightning Source LLC
Chambersburg PA
CBHW082205120626
46553CB00010B/3016
* 9 7 9 8 8 9 6 7 0 5 1 7 8 *